KB139870

예비 창업자와 벤처기업이 꼭 알아야 하는

정부지원금 받는 법

정부지원금
받는 법

초판인쇄 2020년 1월 15일
초판발행 2020년 1월 15일

지은이 정보정
펴낸이 채종준
펴낸곳 한국학술정보㈜
주소 경기도 파주시 회동길 230(문발동)
전화 031) 908-3181(대표)
팩스 031) 908-3189
홈페이지 http://ebook.kstudy.com
전자우편 출판사업부 publish@kstudy.com
등록 제일산-115호(2000. 6. 19)

ISBN 978-89-268-9772-0 13320

예비 창업자와 벤처기업이 꼭 알아야 하는

정부지원금 받는 법

정보정 지음

정부에서는 중소기업의 성장에 발판을 제공하기 위해 운전자금, 시설자금, 신기술자금, 기술개발사업화자금, R&D 자금 등 산업별 다양한 자금을 지원하고 있다. 또한, 자금 외에도 각종 세제 혜택, 단계별 성장지원 프로그램을 지원하고 있다.

하지만, 정부가 많은 지원과 홍보를 하고 있음에도 소규모 중소기업들은 이러한 지원을 제대로 받지 못하고 있다. 회사를 설립한 후 대표 또는 관리 담당 직원이 정부 지원자금을 받는 일을 다양하게 접해보지 않은 업무라 어렵게 느낄 수밖에 없고 지원기관에 문의하여도 쉽게 이해하기 어려운 부분이 있을 것이다.

정부 지원자금을 신청하기 위해서는 기본적인 요건을 갖추고 사업계획서 등을 제출해야 한다. 하지만 소규모 중소기업은 눈앞의 매출성장과 거래처 확보의 영업업무에만 매달릴 수밖에 없어서 잠시 미루어 두기를 반복하다 그만 때를 놓치게 된다. 그들은 결국 컨설팅업체의 홍보 때문에 의뢰를 맡기게 된다. 창업했지만 이런 과정을 되풀이하는 사람들을 현장에서 수없이 보아왔다.

십여 년을 중소기업의 인증 관련 컨설팅업에 종사한 경험을 바탕

으로 소규모 중소기업들이 컨설팅업체에 의존하지 않고 직접 정부
지원사업의 혜택을 받을 수 있도록 벤처기업확인의 실무에 필요한
기본을 다루고자 함이 이 책의 집필 의도이다.

　필요한 부분만 따라 하면 쉽게 진행할 수 있도록 도움을 주고자
기본적인 사항들만 기술하였다.

　회사를 설립하면 성장단계별로 정부에서 인정하는 인증절차와 지
원절차가 있다. 운전자금을 받기 위한 대표적인 것이 벤처기업확인
제도이다. 물론, 인지도나 각종 혜택을 받기 위한 목적도 있지만 대부
분 보증·대출에 활용하기 위한 목적이 있다. 회사를 설립하고 폐업
을 반복하면서 설립할 때마다 벤처기업확인을 받는 업체는 없을 것이
다. 회사 대표 또는 담당 직원이 거의 처음 해보는 업무일 수 있으므
로 익숙하지 않은 업무를 "기술보증기금", "중소벤처기업 진흥공단"
또는 "벤처인"에 문의하여 도움을 받기란 어렵게 느낄 수 있다.
　이 책을 통해 벤처기업확인을 받는 업무를 해봄으로써 향후 회사
가 단계별 성장 과정에 이노비즈기업 인증, 신기술인증, R&D 개발
등을 할 수 있는 기초를 마련할 수 있을 것으로 생각되며 진정한 벤

처기업으로 성장하여 M&A 또는 IPO(기업공개)에 관한 관심을 기울일 수 있기를 바란다.

이 책에서 기술하는 사항은 벤처기업확인에 필요한 기술사업계획서, 연구소설립인정, 특허출원에 관하여 처음 접하는 실무자를 위해 더욱 기초적으로 기술하였다.

목 차

PART
02 연구소 설립

PART

01

개요

1. 벤처기업 의의

벤처기업이란 사업의 위험성은 높지만 성공하면 높은 수익이 예상되는 신기술 또는 창조적 아이디어를 기반으로 영위하는 신생기업으로 "Venture"와 "Company"의 합성어로 모험적(도전적) 회사라는 의미라 할 수 있다.

우리나라의 벤처기업은 다른 기업에 비해 기술성이나 성장성이 상대적으로 높아, 정부에서 지원할 필요가 있다고 인정하는 기업으로서 "벤처기업 육성에 관한 특별조치법 제2조의 2(벤처기업의 요건)"의 기준 중 1가지를 만족하는 기업을 의미하며 성공한 기업이라기보다는 향후 세계적인 일류기업으로 육성하기 위한 지원대상으로서의 기업이라는 성격이 강하다고 볼 수 있다.

벤처기업 확인제도는 1998년 시행 이후 몇 번의 개정을 거쳐 오다가 2006년 6월 4일 전면적인 제도개편을 단행하여 실제 자금시장에서 벤처자금을 운용하고 있는 기업을 벤처기업으로 인증해주는 기술평가보증(대출)기업을 벤처확인요건으로 추가하고 기존 신기술기업에 의한 벤처확인요건을 폐지하는 등 시장 친화적인 방향으로 제도를 개선하였다. 새롭게 벤처확인기관으로 지정된 기술보증기금이 벤처확인 공시시스템인 "벤처인(www.venturein.or.kr)"을 구축하여 운영토록 하고 있다.

2. 벤처유형별 현황

[표 1]

구분	벤처투자	기술평가보증	기술평가대출	연구개발	예비벤처	총계
업체 수	2,017	26,942	5,270	2,612	107	36,948
비율(%)	5.46	72.92	14.26	7.07	0.29	100

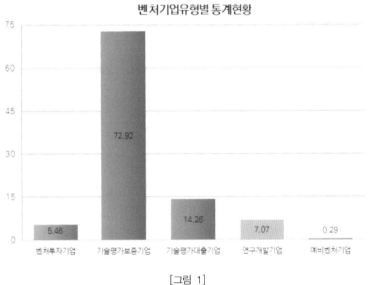

[그림 1]

현재 2019년 9월 19일 자 기준 우리나라의 벤처기업의 수는 36,948개 업체이며 기술보증기금과 중소벤처기업진흥공단에서 보증 및 대출기업이 대다수를 차지하고 있다.

3. 벤처기업확인 요건

「벤처기업 육성에 관한 특별조치법」 제2조의 2에 "벤처기업의 요건"을 충족하여야만 한다고 규정하고 있다.

벤처기업확인을 받는 요건은 기술평가보증기업, 기술평가대출기업, 연구개발기업, 벤처투자기업, 예비벤처기업의 5가지 유형이 있으며, 이들 유형 중 기술평가보증기업(기술보증기금)이 가장 높은 비중을 차지하며 그 다음이 기술평가대출기업(중소벤처기업 진흥공단)이 차지한다.

본 책에서는 기술보증기금의 보증기업과 중소벤처기업진흥공단의 대출기업에 해당하는 유형을 주로 다룰 것이며 자금(보증 또는 대출)지원을 목적으로 하지 않을 경우, 벤처투자기업, 연구개발기업의 유형으로 벤처기업확인을 신청할 수 있다.

벤처기업확인을 받을 수 있는 각각의 유형별 요건 5가지는 아래와 같다.

1) 유형: 기술평가보증기업

① 기술보증기금으로부터 기술성이 우수한 것으로 평가받을 것 (page19[표 2] 참조: 기술성 평가표 총점 65점 이상 및 기술성 부문에서 31점 이상)

② 기술보증기금의 보증을 순수 신용으로 받을 것(자금종류 불문)

③ 상기 ②의 보증(기술보증기금)금액 또는 대출(중소벤처기업진흥공단)금액이 각각 또는 합산 금액이 8천만 원 이상이고 당해

기업의 총자산 보증 또는 대출금액 비율이 5% 이상일 것

※ 창업 후 1년 미만 기업(총자산대비 비율은 적용배제): 보증 또는 대출금액 4천만 원 이상일 것

※ 보증 또는 대출금액을 합산하는 경우 그 금액이 많은 확인 기관에 벤처기업확인을 신청해야 한다.

> 기술평가보증금액(자금종류 불문)과 기술평가대출금액(자금종류 구분)을 합산한 금액이 8천만 원 이상으로 인정되는 경우 기술평가보증금액(기술보증기금)과 기술평가대출금액(중소벤처기업진흥공단) 중 기술평가보증금액이 더 크다면, 기술보증기금에 신청하면 된다.

2) 유형: 기술평가대출기업

① 중소벤처기업진흥공단으로부터 기술성이 우수한 것으로 평가 받을 것

(page19[표 2] 참조: 기술성 평가표 총점 65점 이상 및 기술성 부문에서 31점 이상)

② 중소벤처기업진흥공단의 대출을 순수 신용으로 받을 것(자금 종류 구분)

> 벤처기업확인을 받을 수 있는 자금의 종류
> (자금의 종류는 변경될 수 있으니 중소벤처기업진흥공단에 문의)
> - 창업기업자금
> - 신성장 기반자금 중 혁신성장 유망(일반), 제조현장 스마트화
> - 투융자복합금융자금
> - 재도약 지원자금 중 재창업자금
> - 신성장 기반자금 중 기초 제조기업 성장자금,

※ 고성장(가젤형)기업전용자금을 이미 받은 기업의 경우 벤처기업확인 가능 정책
자금으로 인정

③ 상기 ②의 보증(기술보증기금)금액 또는 대출(중소벤처기업진
흥공단)금액이 각각 또는 합산 금액이 8천만 원 이상이고 당해
기업의 총자산 보증 또는 대출금액 비율이 5% 이상일 것
※ 창업 후 1년 미만 기업(총자산대비 비율은 적용배제): 보증
또는 대출금액 4천만 원 이상일 것
※ 보증 또는 대출금액을 합산하는 경우 그 금액이 많은 확인
기관에 벤처기업확인을 신청해야 한다.

기술평가보증금액(자금종류 불문)과 기술평가대출금액(자금종류 구분)을 합산한
금액이 8천만 원 이상으로 인정되는 경우 기술평가보증금액(기술보증기금)과 기
술평가대출금액(중소벤처기업진흥공단) 중 기술평가대출금액이 더 크다면, 중소벤
처기업진흥공단에 신청하면 된다.

[표 2] 기술성평가표

(기술평가보증 · 대출기업용)

구분	평가항목	심사항목	배점	해당등급	득점
경영주 기술능력 (25점)	기술지식 수준 및 경험수준	기술지식수준	6		
		기술경험수준	9		
	경영능력	기술인력관리	5		
		경영 의지 및 사업수완	5		
소 계			25		
기술성 (52점)	기술개발환경	개발전담조직	7		
		개발인력현황	7		
	기술개발 실적 등	기술개발 및 수상(인증)실적	7		
		지식재산권 등 보유현황	7		

		기술의 선도성			
기술의 우수성 및 제품화 능력		기술의 완성도	18		
		기술의 확장성			
		생산시설확보수준	3		
		생산인력확보수준	3		
소 계			52		
사업성 (23점)	신청기술(제품)의 경쟁력	인지도	4		
		대체품과의 비교 우위성	6		
	사업계획의 타당성	판매계획의 타당성	4		
		판매처의 다양성 및 안정성	4		
		글로벌시장 진출 가능성	5		
소 계			23		
합 계			100		

※배점은 신청기업에 해당하는 평가등급(A~E)별 가점 부여
등급별 가점<A:배점 × 5/5, B:배점 × 4/5, C:배점× 3/5, D: 배점× 2/5, E:배점× 1/5>

3) 유형: 연구개발기업

① 한국산업기술진흥협회에서 인정받은 "기업부설 연구소" 인정
서를 보유한 기업에 한한다.

> "기업부설연구소"란 한국산업기술진흥협회에 신고된 "기업부설연구소"를 의미하
> 며, 기업 내부의 자체 연구소, 연구개발 전담부서 등은 포함되지 않는다. 또한, 연
> 구개발기업으로 벤처기업확인을 신청코자 하는 기업은 반드시 "한국산업기술진흥
> 협회"를 통해 기업부설연구소의 인정을 받은 "기업부설연구소"를 보유하고 있어
> 야 한다.

② 업력에 따라 아래 기준을 충족할 것

※ 창업 3년 이상 기업:

벤처확인요청일이 속하는 분기의 직전 4분기의 연간 연구개발
비가 5천만 원이고, 연간 매출액 대비 ※업종별 연구개발비 투

자비율([표 3] 참조)이 기준 이상일 것

※ 창업 3년 미만 기업:

벤처확인요청일이 속하는 분기의 직전 4분기의 연간 연구개발
비가 5천만 원 이상일 것(연구개발비 비율 적용제외)

※ 연구개발비

연구개발기업으로 벤처기업확인을 받기 위한 조건은 "기업부설연구소"를 보유한
기업에 한하므로 기업부설연구소를 인정받은 시점 이후 회계기준에 의해 재무제
표상에 표기되어야 한다. 통상 손익계산서 계정의 "판매비와 관리비" 계정과목의
"경상연구개발비" 항목에 기재한다. 무형자산 조건에 의해 재무상태표 계정 또는
제조원가명세서 계정에 기재하기도 한다. 상세한 세목 기준은 관할 세무서 또는
담당 세무·회계사에 문의하기를 권한다.

[표 3] 업종별 연구개발비 투자비율

(단위: %)

업 종	구분(매출액)		
	50억 원 미만	50억 원 이상 100억 원 미만	100억 원 이상
① 의약품 제조(21)	6	6	6
② 기계 및 장비제조(29) <단, 사무용 기계 및 장비(2918)제외>	7	5	5
③ 컴퓨터 및 주변장치(263)	6	6	5
④ 사무용 기계 및 장비(2918)	6	6	5
⑤ 전기장비(28)	6	5	5
⑥ 반도체 및 전자부품(261,262)	6	5	5
⑦ 의료, 정밀, 광학기기 및 시계(27)	8	7	6
⑧ 기타제조업	5	5	5
⑨ 도매 및 소매업(45~47)	5	5	5
⑩ 통신업(61)	7	5	5
⑪ 소프트웨어개발 공급업(582)	10	8	8
⑫ 컴퓨터프로그래밍, 시스템통합관리업(62)	10	8	8

⑬ 정보서비스업(63)		10	8	8
⑭ 인터넷산업		5	5	5
⑮ 기타산업		5	5	5

※ 신청기업이 2개 이상의 업종을 영위하는 경우에는 연구개발 투자비율은 매출액이 가장 많은 업종 또는 연구개발비가 가장 많은 업종을 기준으로 적용

③ 사업성 평가기관으로부터 "사업성 평가표 65점 이상([표 4] 참조)"의 사업성이 우수한 것으로 평가받을 것

※ 연구개발기업의 사업성 평가기관
기술보증기금, 중소벤처기업진흥공단, 국방기술품질원, 농업기술실용화재단, 산업은행, 전자부품연구원, 정보통신산업진흥원, 한국과학기술정보연구원, 한국발명진흥회, 한국보건산업진흥원, 한국산업기술진흥원

위 기관 중 신청인이 "벤처인"에서 평가기관을 선택할 수 있으며 가장 많은 경우가 기술보증기금을 평가기관으로 신청하고 있다.

[표 4] 사업성평가표

(연구개발기업용)

구 분	평가항목	심사항목	배점	해당등급	득점
사업성 (100점)	신청기술(제품)의 경쟁력	인지도	30		
		대체품과의 비교 우위성	30		
	사업계획의 타당성	판매계획의 타당성	20		
		판매처의 다양성 및 안정성	20		
합계			100		

* 배점은 신청기업에 해당하는 평가등급(A~E)별 가점 부여
등급별 가점
<A:배점 × 5/5, B:배점 × 4/5, C:배점× 3/5, D: 배점× 2/5, E:배점× 1/5>

※ 벤처인에 " 【별지 제1-1호 서식】 벤처기업 평가를 위한 기술사업계획서"와 "연구개발비 산정표" 첨부

4) 유형: 벤처투자기업(확인기관: 한국벤처캐피탈협회)

① 벤처투자기관으로부터 금액의 합계가 5천만 원으로서, 기업의 자본금 중 투자금액의 합계가 차지하는 비율이 100분의 10(단, 「문화산업진흥 기본법」 제2조 제12호에 따른 제작자 중 법인이면 자본금의 100분의 7) 이상일 것.

> ※ 벤처투자기관:
> <벤처기업 육성에 관한 특별조치법 제2조의 2(벤처기업의 요건), 동법 시행령 제2조의 3(벤처기업의 요건 등)>
> 중소기업창업투자회사, 중소기업창업투자조합, 한국벤처투자조합, 신기술사업금융업자, 신기술사업투자조합, 한국산업은행, 중소기업은행, 사모투자 전문회사, 개인투자조합, 은행, 외국투자회사, 전문엔젤 투자자

② 투자 시점 및 벤처기업확인 신청 시점에 벤처투자기관으로서의 자격을 갖춘 투자처의 투자실적만 인정된다.

※ 전문엔젤 투자자의 특수 관계인인 기업에 대한 투자는 투자실적으로 인정하지 않는다.

전문엔젤 투자자의 투자실적 요건에서 특수 관계기업에 대한 투자금액을 제외하는 것과 마찬가지로, 벤처기업확인을 위한 투자실적에서 특수 관계기업에 대한 투자금액은 제외된다.

5) 유형: 예비벤처기업

① 법인설립 또는 사업자등록을 준비 중인 자로서 기술 및 사업계

획이 기술보증기금 또는 중소벤처기업진흥공단으로부터 기술성이 우수한 것으로 평가받을 것. ([표 5] 참조: 총점 65점 이상 및 기술성 부문에서 24점 이상)

② 예비벤처기업으로 확인을 받더라도 벤처기업으로 자동 전환되지 않으며, 개정된 제도에 의해 별도의 기술평가보증기업, 기술평가대출기업, 연구개발기업으로 벤처기업확인을 받아야만 창업 후에 법상 벤처기업으로 인정된다.

[표 5] 기술성평가표

(예비벤처기업용)

구분	평가항목	심사항목	배점	해당등급	득점
경영주 기술능력 (30점)	기술지식 수준 및 경험수준	기술지식 수준	9		
		기술경험 수준	9		
	경영능력	기업가 정신 및 혁신역량	12		
소 계			30		
기술성 (40점)	기술개발 실적 등	기술개발 및 수상(인증)실적	12		
		지식재산권 등 보유현황	13		
	기술의 제품화 능력	기술의 우수성	10		
		자금조달능력	5		
소 계			40		
사업성 (30점)	신청기술(제품)의 경쟁력	인지도	4		
		대체품과의 비교 우위성	4		
	사업계획의 타당성	판매계획의 타당성	7		
		판매처의 다양성 및 안정성	5		
	수익전망	사업추진 일정의 적정성	6		
		투자 대비 회수 가능성	4		
소 계			30		
합 계			100		

※ 배점은 신청기업에 해당하는 평가등급(A~E)별 가점 부여
등급별 가점6
<A:배점 × 5/5, B:배점 × 4/5, C:배점× 3/5, D: 배점× 2/5, E:배점× 1/5>

※ 상기 5가지 유형에 대하여 필수적인 부분만을 기술하였으며 기술 시점 이후 관련 법령 및 제도가 변경될 수 있음을 양지하기 바라며, 더욱 세부적인 사항에 관해서는 벤처인 또는 관련 법령 조문 및 제도를 확인하길 권한다.

4. 기타 알아야 할 사항

1) 벤처기업확인을 받을 수 있는 기본적인 조건

벤처기업확인과 보증/대출을 신청하는 기업의 세부평가기준은 다양하며 가장 기본적인 확인 사항이 대표자 신용, 직원 수, 기업부설연구소 보유 여부, 특허 보유 여부 등일 것이다.

물론 기술성 또는 성장성이 우수한 업체의 경우 상기 기본적인 사항이 일부 미흡해도 가능할 수 있다.

(1) 대표자 업력 및 신용도

> 대표자의 동종업 경력이 최소 3년은 필요하며 실무에선 5년 이상이 필요하다. 보유한 경력이 동종업과 유사하거나 관련됨을 어필할 필요가 있다. 신용등급 중위권 이하, 캐피털 등의 제2금융권 이용자는 불리하다.

(2) 직원 수: 5인 이상(직원 수를 한정하진 않음)

> 벤처기업확인 제도의 초기에는 대표자 1인만 존재하는 예도 가능한 때도 있었으나 실무에서는 5인 이상을 필요로 한다.

(3) 개발실적 및 기술경쟁력 부문의 특허 보유 여부

영위하는 업종과 관련된 특허등록증을 보유하고 있다면 아주 유리하며, 없다면 특허출원을 하고 특허등록이 완료되는 기간이 1년 이상(우선 심사 제외) 소요되므로 특허출원 후 "출원 사실 증명원"이라도 제출하면 개발실적의 배점을 받을 수 있다.

(4) 기술개발환경 기업부설연구소 보유 여부

한국산업기술진흥협회에 설립신고 후 인정된 "기업부설연구소"를 보유한 업체는 기술개발환경 심사항목에 높은 점수를 받을 수 있다. 소기업을 기준으로 인적요건을 갖춘 3명의 전담인력이 필요하지만, 설립일로부터 3년이 지나지 아니한 업체는 2명이면 족하다. 하지만, 인력이 부족하면 인적요건을 갖춘 1명의 연구전담인력을 "연구개발전담부서"로 등록하여 기술개발환경 심사항목의 점수를 받을 수 있다.

상기에 언급한 항목들을 기본적으로 갖추고 기술사업계획서를 작성해서 제출해야 부적격 평가에서 벗어나(일부 업종 제외) 벤처기업 확인과 보증/대출 승인을 받을 수 있다.

2) 벤처기업확인이 부적합한 경우

기술보증기금 또는 중소벤처기업진흥공단으로부터 기술성 및 사업성이 양호하지 않은 업체는 보증 또는 대출 지원이 불가능하며, 따라서 벤처기업확인 평가가 진행될 수 없다.

또한, 보증 또는 대출 승인 기업이라도 기술성 점수에서 미달하는 경우 벤처기업확인이 불가능하다.

벤처확인 부적격 판정을 받은 경우, 부적격 사유가 해소된 후 언제든지 재신청이 가능하다.

3) 벤처기업대상 제외 업종

벤처기업대상에서 제외되는 업종은 숙박 및 음식점업, 부동산 및 임대업, 오락업 및 문화업 등이다. [표 6] 참조

[표 6] 벤처기업에 포함되지 않는 업종

업 종	분류코드
1. 일반 유흥 주점업	56211
2. 무도 유흥 주점업	56212
3. 기타 주점업	56219
4. 블록체인 기반 암호화 자산 매매 및 중개업	63999-1
5. 기타 사행시설 관리 및 운영업	91249
6. 무도장 운영업	91291

업종 및 분류코드는 「통계법」 제22조에 따라 통계청장이 고시한 한국표준산업 분류에 따른다.

4) 벤처기업확인 신청 시 소요 기간

현행 벤처기업 육성에 관한 특별조치법 시행규칙에 따르면 확인기관에서 신청 접수일로부터 벤처투자기업은 30일, 기술평가보증기업, 기술평가대출기업, 연구개발기업은 45일 이내에 처리하게 되어 있다.

5) 벤처기업확인의 소요되는 비용

평가기관별로 다소 차이는 있을 수 있고 평가기관별 상황에 따라 향후 변동될 가능성은 있으나 현행 중기청 고시에 따르면 벤처확인 평가 및 확인에 소요되는 수수료는 70만 원 이내에서 운용되게 되어있으며 현재 실무에선 평가료와 수수료를 포함한 비용이 33만 원 (부가가치세 포함)으로 책정되어 있다.

6) 기존 벤처기업의 유효기한 연장

현행 벤처기업확인 제도에는 기존 벤처기업확인의 유효기간이 자동 연장되는 절차가 없다.

따라서 유효기간이 만료되어 벤처기업확인서를 연장할 경우, 신규 벤처기업확인과 동일한 신청 및 평가 절차를 거쳐야만 한다.

※ 벤처기업확인 유효기간이 2년이며 유효기간 만료 전 2개월부터 만료 후 1개월 이내에 벤처인을 통해 신규 벤처기업확인과 동일하게 신청 및 평가를 받아야 기존 유효기간 익일부터 산정되어 계속해서 2년 동안 벤처기업확인이 유지된다.

※ 조세 감면 기간 중인 창업벤처기업이 벤처확인이 취소될 경우, 취소일이 속하는 과세연도부터 감면이 적용되지 않으니 불이익을 받지 않게 유효기간 만료 전 2개월부터 만료 후 1개월 이내에 재신청해야 한다.

7) 벤처기업확인을 받은 개인기업이 법인전환을 한 경우

벤처기업확인을 받고 유지 중인 개인기업이 법인전환을 하였다면 다음의 기준을 충족할 때에만 해당 증빙서류 제출로 법인 명의로 "벤처기업확인서 재발급"을 받을 수 있다.

> - 동일업종을 계속 영위할 것
> - 개인사업자가 당해 사업을 포괄적인 양수도로 법인 전환할 것
> - 개인사업자의 대표자가 전환법인의 주주 및 임원으로 참여할 것
> ※ 증빙서류: 사업포괄양수도계약서, 법인등기부 등본, 주주명부

8) 벤처기업확인 후 업체명과 소재지가 변경된 경우

벤처기업이 유효 기간 중 다음의 사유 발생 시 "벤처기업확인서 재발급"이 가능하다.

> - 업체명, 소재지 또는 대표자(개인사업자의 대표 변경 제외)가 변경된 경우.
> - 개인사업자의 사업포괄양수도 계약에 의한 법인전환
> - 합병 시
> - 확인서의 훼손 및 분실
> - 상법상 조직의 변경(유한회사에서 주식회사로의 조직변경 등)』

5. 벤처기업 우대 제도안내

벤처기업으로 확인을 받으면 세제, 금융, 창업 등 다양한 혜택을 받을 수 있으며 주요지원제도는 다음을 참고하길 바란다.

1) 세제

지원대상: 창업 후 3년 이내에 벤처기업확인을 받은 기업에 한한다.
(page 36 [표 7], [표 8] 참조)

(1) 법인세, 소득세 50% 감면

창업벤처중소기업이 벤처기업확인을 받은 이후 최초로 소득이 발생한 과세연도와 그다음 과세연도부터 4년간 50% 세액감면(21.12.31. 까지 벤처기업확인을 받은 기업에 한함)

<조세특례제한법 제6조(창업중소기업 등에 대한 세액감면) 2항>

<주의>

수도권 과밀억제권역 외의 지역에서 창업중소기업의 경우와 같이 이미 조세감면 혜택을 받고 있으면 벤처기업확인을 받더라도 중복세액감면이 적용되지 않는다.

<단서 조항>

조세특례제한법 제127조(중복지원의 배제) 제4항, 제5항에 따라 창업중소기업 세제 혜택과 창업벤처중소기업 세제를 중복해서 혜택을 받을 수는 없다.

<예시>

업력 2년 6개월의 창업중소기업이 벤처기업확인을 통해 창업벤처중소기업이 된 경우라도 창업벤처중소기업으로서의 세제 혜택은 잔여기간 동안만 가능하다.
감면 기간 중 벤처확인이 취소된 경우, 취소일이 속하는 과세연도부터 감면을 적용하지 않는다.
소득세, 법인세(국세) : 관할 세무서에 문의

---

(2) 취득세 75% 감면

창업벤처중소기업이 벤처기업확인일(창업중소기업은 창업일)부터 4년 이내에 취득하는 사업용 부동산에 대한 취득세 75%를 감면

<지방세특례제한법 제58조 3(창업중소기업 등에 대한 감면) 1항>

(3) 재산세 50% 감면

창업벤처중소기업이 당해 사업에 직접 사용하는 사업용 부동산에 대해 벤처기업 확인일(창업중소기업은 창업일)부터 3년간 재산세를 면제, 그다음 2년간 재산세의 50% 감면

<지방세특례제한법 제58조 3(창업중소기업 등에 대한 감면) 2항>

> 상기 (2), (3)의 사업용 부동산 여부는 해당 기업의 영위 업종과 취득 부동산과의 관련성을 종합적으로 고려하여 지자체 담당 부서(세무과)에서 결정할 사항이므로 세부적인 사항은 반드시 사업장 소재지 관할 지자체 담당과에 문의해야 한다.

2) 자금 한도 보증 우대 및 우선적 신용보증의 실시

중소기업정책자금 한도 우대

기술보증 심사 시 보증 한도 확대, 보증료율 0.2% 감면

> 근거법령: "벤처기업 육성에 관한 특별조치법 제5조(우선적 신용보증의 실시)" 기술보증기금은 벤처기업과 신기술창업 전문회사에 우선적 신용보증 하여야 한다.

3) 특허 우선 심사

특허권 및 실용신안권 등록출원 시 우선 심사대상에 포함한다.

특허·실용신안 우선 심사의 신청에 관한 고시 제4조(우선 심사 신청대상) 외 일반기업인 경우, 우선 심사 신청 시 전문기관(재단법인 한국특허정보원, (주)윕스, 아이피솔루션주식회사 등 3개 기관)에

선행기술조사 의뢰를 해야 하나, 우선 심사 신청대상에 해당하는 벤처기업은 KIPRIS(특허정보검색시스템)를 통한 선행기술조사 결과 제출 시 전문기관의 선행기술조사를 거친 것으로 간주하여 별도 의뢰를 요구하지 않는다.

> 근거법령: 특허법시행령 제9조 및 실용신안법시행령 제5조, 특허 · 실용신안 우선 심사 신청에 관한 고시(특허청 특허심사정책과) 문의처: 특허청

4) 코스닥 상장심사 요건 특례

설립 후 경과 연수 면제 (일반기업 3년 이상)

자기자본 15억 이상 (일반기업 30억 이상)

ROE 5% 이상(일반기업 ROE 10% 이상) 또는 당기순이익 10억원 이상(일반기업 당기순이익 20억 이상)

최근 사업연도 매출액 50억(일반기업 매출액 100억 이상) & 기준 시가총액 300억 이상

5) 벤처기업의 주식교환

주식회사인 벤처기업은 "전략적 제휴"를 위하여 자기주식을 다른 주식회사의 주요주주 또는 주식회사인 다른 벤처기업의 주식과 교환할 수 있다.

<벤처기업 육성에 관한 특별조치법 제15조(벤처기업의 주식교환)>

6) 산업재산권출자

벤처기업에 대한 현물출자(산업재산권출자) 대상에 특허권, 실용신안권, 디자인권 등의 권리를 포함한다.

<벤처기업 육성에 관한 특별조치법 제6조(산업재산권 등의 출자 특례)>

7) 벤처기업 방송광고비 감면

지원대상: 벤처기업, 기술혁신형 중소기업(이노비즈기업), 경영혁신형 중소기업(메인비즈기업), 녹색인증 중소기업, 우수 Green-Biz, 글로벌 IP(지식재산) 스타 기업, 지식재산경영 인증기업, 사회적기업, 두뇌역량 우수전문기업 포함

8) 병역지정업체 가점부여

벤처기업, 이노비즈기업, 메인비즈기업, 소재부품 전문기업, 스마트공장 도입기업(수준 확인 기업 포함) 포함

9) 교수 · 연구원 특례

교수 · 연구원(교육공무원 등)이 벤처기업을 창업하거나 임원으로 근무하기 위해 휴직(기간 5년, 필요한 경우 1년 연장)할 수 있다.
<벤처기업 육성에 관한 특별조치법 제16조(교육공무원 등의 휴직 허용)>
벤처기업의 대표 또는 임직원 겸임 · 겸직 가능할 수 있다.
<벤처기업 육성에 관한 특별조치법 제16조 2(교육공무원 등의 겸임이나 겸직에 관한 특례)>
교수 · 연구원의 실험실 공장 설치 허용(벤처기업 창업자 또한 허용)
<벤처기업 육성에 관한 특별조치법 제18조 2(실험실 공장에 대한 특례)>

10) 도시형 공장 설치 특례

창업보육센터 입주 벤처기업의 경우 건축법 19조 1항, 연구개발 특구의 육성에 관한 특별법 제36조 1항에도 불구하고 도시형 공장을 설치할 수 있다.
<벤처기업 육성에 관한 특별조치법 제18조 3(창업보육센터에 입주한 벤처기업과 창업자에 대한 특례)>

11) 벤처기업집적시설 특례

벤처기업집적시설의 경우 건축법 19조 1항, 연구개발특구 육성에 관한 특별법 제36조 1항에도 불구하고, 건축물(공장 등)을 건축할 수 있다.

<벤처기업 육성에 관한 특별조치법 제21조(건축금지 등에 대한 특례)>

벤처기업집적 시설에 입주하는 벤처기업의 경우, 과밀억제권역 내에서의 취득세, 등록세, 재산세, 중과세율 적용 감면 또는 면제

<지방세특례제한법 제58조(벤처기업 등에 대한 과세특례)>

> 벤처기업집적시설이란 도심 내 벤처기업의 입주공간 확보가 용이하도록 일정 요건을 갖춘 건축물(세제 감면 혜택 등을 부여받음)을 말한다.

12) 기술 임치

벤처기업이 기술자료 임치제도 이용 시 임치 수수료 감면

<기술자료 임치제도 운용요령 제15조(수수료 관리)>

임치한 기술의 사업화 촉진을 위하여 기술평가·보증기관 및 금융기관과 연계한 담보대출 지원

> 문의처: 기술자료 임치 센터 02-368-8484, kescrow.or.kr

※ 세부적인 지원절차 및 내용은 관련 법령 또는 제도가 변경될

경우 차이가 있을 수 있으므로 관계기관에 문의하여 자세한 내용을
파악하기 바란다.

다음의 업종을 영위하여야만 창업중소기업 및 창업벤처중소기업
범위에 해당함

[표 7] 〈창업중소기업 및 창업벤처중소기업 범위에 해당하는 업종〉

[조세특례제한법 제6조 3항]
(열거되지 않은 업종을 영위하는 중소기업은 세제 혜택 등 해당하지 않음)

1. 광업	2. 제조업	3. 건설업	4. 음식점업	5. 출판업
6. 영상·오디오 기록물 제작 및 배급업(비디오물 감상실 운영업은 제외한다)				
7. 방송업	8. 전기통신업	9. 컴퓨터프로그래밍, 시스템통합 및 관리업		
10. 정보 서비스업(뉴스제공업은 제외한다)		11. 연구개발업		12. 광고업
13. 그 밖의 과학기술서비스업		14. 전문디자인업	15. 전시 및 행사대행업	
16. 창작 및 예술 관련 서비스업(자영 예술가는 제외한다)				
17. 대통령령으로 정하는 엔지니어링사업(이하 "엔지니어링사업"이라 한다)				
18. 대통령령으로 정하는 물류 산업(이하 "물류 산업"이라 한다)				
19. 「학원의 설립·운영 및 과외교습에 관한 법률」에 따른 직업기술 분야를 교습하는 학원을 영위하는 사업				
20. 「관광진흥법」에 따른 관광숙박업, 국제회의업, 유원시설업 및 대통령령으로 정하는 관광객이용시설업				
21. 「노인복지법」에 따른 노인복지시설을 운영하는 사업				
22. 「전시산업발전법」에 따른 전시산업				
23. 인력 공급 및 고용알선업(농업노동자 공급업을 포함한다)				
24. 건물 및 산업설비 청소업		25. 경비 및 경호 서비스업		
26. 시장조사 및 여론조사업		27. 사회복지 서비스업		
28. 보안시스템 서비스업		29. 통신판매업		
30. 개인 및 소비용품 수리업		31. 이용 및 미용업		
업종 포함 여부의 판단은 세무서 및 지자체 세무과에 문의				

[표 8] 〈창업으로 보지 않는 경우〉

<조세특례제한법 제6조 제10항 제1~4호> 창업중소기업 및 창업벤처중소기업의 범위를 정함의 규정을 적용할 때 다음 각호의 어느 하나에 해당하는 경우는 창업으로 보지 아니한다. <개정 2017. 12. 19., 2018. 5. 29.>

1. 합병·분할·현물출자 또는 사업의 양수를 통하여 종전의 사업을 승계하거나 종전의 사업에 사용되던 자산을 인수 또는 매입하여 같은 종류의 사업을 하는 경우. 다만, 다음 (가), (나) 목의 어느 하나에 해당하는 경우는 제외한다. (가). 종전의 사업에 사용되던 자산을 인수하거나 매입하여 같은 종류의 사업을 하는 경우, 그 자산 가액의 합계가 사업 개시 당시 토지·건물 및 기계장치 등 대통령령으로 정하는 사업용자산의 총 가액에서 차지하는 비율이 100분의 50 미만으로서 대통령령으로 정하는 비율 이하인 경우 (나). 사업 일부를 분리하여 해당 기업의 임직원이 사업을 개시하는 경우로서 대통령령으로 정하는 요건에 해당하는 경우
2. 거주자가 하던 사업을 법인으로 전환하여 새로운 법인을 설립하는 경우
3. 폐업 후 사업을 다시 개시하여 폐업 전의 사업과 같은 종류의 사업을 하는 경우
4. 사업을 확장하거나 다른 업종을 추가하는 경우 등 새로운 사업을 최초로 개시하는 것으로 보기 곤란한 경우

6. 보증 및 대출신청 단계

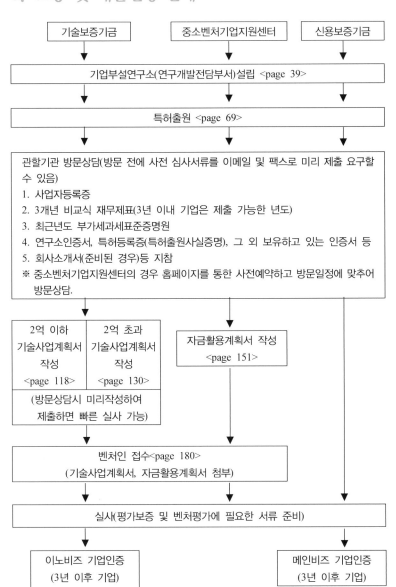

| 기술보증기금 | 중소벤처기업지원센터 | 신용보증기금 |

기업부설연구소(연구개발전담부서)설립 <page 39>

특허출원 <page 69>

관할기관 방문상담(방문 전에 사전 심사서류를 이메일 및 팩스로 미리 제출 요구할 수 있음)
1. 사업자등록증
2. 3개년 비교식 재무제표(3년 이내 기업은 제출 가능한 년도)
3. 최근년도 부가세과세표준증명원
4. 연구소인증서, 특허등록증(특허출원사실증명), 그 외 보유하고 있는 인증서 등
5. 회사소개서(준비된 경우)등 지참
※ 중소벤처기업지원센터의 경우 홈페이지를 통한 사전예약하고 방문일정에 맞추어 방문상담.

| 2억 이하
기술사업계획서
작성
<page 118> | 2억 초과
기술사업계획서
작성
<page 130> |
| (방문상담시 미리작성하여
제출하면 빠른 실사 가능) |

자금활용계획서 작성
<page 151>

벤처인 접수<page 180>
(기술사업계획서, 자금활용계획서 첨부)

실사(평가보증 및 벤처평가에 필요한 서류 준비)

| 이노비즈 기업인증
(3년 이후 기업)
<page 183> | 메인비즈 기업인증
(3년 이후 기업) |

PART
02

연구소
설립하기

벤처기업확인 평가, 이노비즈기업 인증 평가항목의 기업부설 연구소 보유기업에 기술성 배점의 높은 비중이 주어지며 정부 및 지방자치단체와 공기업 등에서 각종 기술개발자금 또는 사업발주 심사에 기업부설연구소 및 연구개발전담부서를 보유한 기업에 한해서만 신청자격을 부여하거나 심사에 우대하고 있다.

벤처기업확인 유형 중 "연구개발기업"의 경우 기업부설연구소 보유기업에 한하므로 반드시 기업부설연구소를 설립하여야 한다.

벤처기업에 다양한 혜택이 있듯이 기업부설연구소 보유업체에 대해서도 다양한 혜택이 주어진다.

대표적으로 기업부설연구소 및 연구개발전담부서의 연구개발(자체연구개발 인건비 등) 및 인력개발을 위해 사용한 당해 연도 발생금액의 25%(중견기업은 8%, 대기업은 0~2%)를 소득세 또는 법인세에서 공제해 주고 있다.

연구설비투자 세액공제, 연구소전용 부동산의 지방세 감면, 연구개발을 위해 수입하는 물품의 관세감면 등의 다양한 혜택이 주어지고 있으며 세부적인 사항은 "한국산업기술진흥협회"에 문의하여 확인하길 권한다.

소득세 또는 법인세를 공제받기 위해 기업부설연구소를 인정받은 시점 이후 회계연도에 통상 손익계산서 계정의 "판매비와 관리비" 계정과목의 "경상연구개발비" 항목에 기재한다.

상세한 세목 기준은 관할 세무서 또는 담당 세무·회계사에 문의하여 도움을 받길 권한다.

※ 소득세 또는 법인세를 감면받은 업체의 의무사항이 있다.
연구원은 상시 연구업무에만 종사하여야 하므로 연구개발회의록, 연구수행일지 등은 연구소 내에 필히 비치해 놓아야 함은 물론, 연구실적(특허등록, 논문, R&D, 연구로 인한 개발품 등)이 있어야 함을 알아야 한다. 국세청으로부터 감면에 대한 입증 자료를 요청받을 수 있으며 제출하지 못하면 피해를 받을 수 있다.

"한국산업기술진흥협회"의 "기업부설 연구소/전담부서 신고관리시스템"에 접속한다. (https://www.rnd.or.kr)

신규설립안내 ⇒ "설립 신고하기"를 클릭한다.

로그인

회원가입 없이 "사업자 번호"를 입력하고 기업의 공인인증서로 로그인을 한다.

○ 연구소등록

소기업 3인 이상, 중기업 5인 이상이지만, 창업일로 3년 이내의 소기업 또는 벤처기업은 2명이면 족하다.

○ 전담부서등록

1인 이상으로 가능하다.

※ 인적요건

연구원의 인적요건은 자연계인 자연과학 계열, 공학 계열, 의학 계열(인문사회 계열, 예체능 계열 제외)의 학사 이상 소지자로 해당 연구 분야와 전공이 동일한 경우 졸업증명서만 첨부하면 된다.

자연계(학사 이상)이지만 해당 연구 분야와 전공이 동일하지 않은 경우, 해당 연구 분야(연구 또는 개발 경력이어야 함)에서 1년 이상 근무한 경력증명서를 첨부해야 한다.

전문학사 또는 산업기사는 연구 분야(연구 또는 개발 경력이어야 함) 2년 이상의 경력증명서를 첨부해야 한다. (3년제 전문대졸은 1년 이상)

마이스터고·특성화고 졸업자 및 기능사는 관련 분야 연구개발 활동(연구 또는 개발 경력이어야 함) 4년 이상의 경력증명서를 첨부해야 한다.

[표 9] 〈대학계열 구분기준〉

대계열	소계열
인문사회 계열	어학·문학·사회 및 신학 등
자연과학 계열	이학·해양·농학·수산·간호·보건·약학 및 한약학 등
공학 계열	공학 등
예체능 계열	음악·미술·체육 및 무용 등
의학 계열	의학·치의학·한의학 및 수의학 등

의예과, 치의예과, 한의예과, 수의예과 등은 자연과학 계열에 포함.
영어교육학과는 인문사회 계열 전공자로, 수학교육과는 자연과학 계열 전공자로 분류.

지식기반서비스(page 64 [표 11] 참조) 분야를 주 업종(업태 구분에서 매출이 가장 많은 종목)으로 하는 기업의 경우 자연계를 전공하지 않은 학위도 인정된다.

연구 분야와 전공이 연관성이 있는 경우 졸업증명서만 첨부하며 연관성이 없는 경우 연구 또는 개발 경력의 경력증명서(앞장 참조)를 첨부해야 한다.

과학기술 분야의 산업디자인 연구는 제품디자인과 포장디자인에 한한다. ([표 10] 참조)

산업디자인 분야인 예체능계에 속하는 산업디자인과 연관된 전공이 가능하며 연관성이 없는 전공의 경우도 가능하지만, 연구 또는 개발 경력의 경력증명서(앞장 참조)를 첨부해야 한다.

[표 10] 산업디자인 구분 분야

종류	분야
제품디자인	대량 생산되는 산업 제품의 기능과 형태를 결정하는 디자인
포장디자인	제품을 담을 용기나 포장지를 만들고 디자인하는 활동
시각디자인	주로 평면적인 시각 정보의 가치를 증진하는 디자인. 인쇄물, 영화, TV 등 시각 매체를 통해 전달
환경디자인	인테리어디자인, 건축물디자인, 조경디자인 포함
디지털미디어디자인	디지털기술기반의 매체를 바탕으로 사람과 사람, 사람과 미디어 간의 정보를 전달하는 디자인

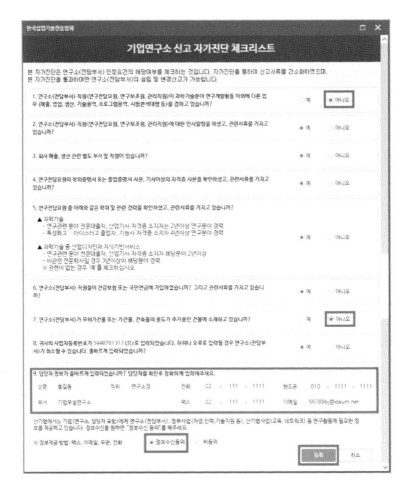

○ 자가진단 체크리스트

1문항(겸임 여부)과 7문항(가건물, 주거용 건물 유무)만 "아니오"를 선택한다.

9문항의 담당자는 대표, 관리직원, 연구원 중 입력하면 된다.

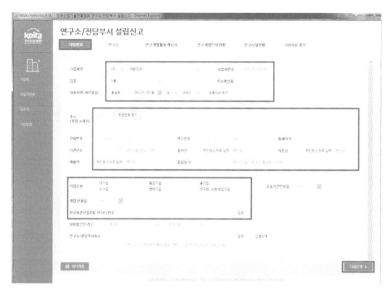

기업정보 해당란을 입력한다.

　기준 연도, 총자산, 자본금, 매출액은 최근 결산연도를 기준으로
기재하고 신청 연도에 창업하여 결산 전이면 신청 연도를 기준으로
기재하면 된다.

　종업원 수는 4대사회보험가입자명부에 등록된 인원중 대표를 제
외한 인원수를 기입한다.

　기업유형에 따라 연구전담인력 기준 수(2~10인)를 달리한다.

　한국표준산업분류(KSIC)번호는 검색으로 해당업종을 선택한다.

연구소 해당란을 입력한다.

○ 연구소명

현판의 명칭과 일치하게 기재할 것.

- **기업부설 연구소 현판 명**

  기업부설 연구소, 연구소, 기술연구소, R&D Center, 연구원, 연구센터 등 가능

- **연구개발 전담부서 현판 명**

  연구개발 전담부서, 연구실, 연구부, 개발실, 개발부 등 가능

○ 연구소 설립연월일

신청일 현재 일자를 기재한다.

정부지원금 받는 법

○ 신청분야

연구하는 분야가 지식서비스와 과학기술로 구분된다.

지식서비스(page 64 [표 11] 참조)분야를 신청하는 경우 주영위업종(업종이 다수인 경우 매출액이 가장 많은 업종)이 지식서비스산업에 해당하여야 한다.

○ 연구분야

연구분야 및 개발품목을 기재한다.

산업디자인 연구소는 과학기술에 속한다.

(지식서비스에 해당하는 전문디자인업과 구분된다. 예) 주업종이 전문디자인업을 영위하지 않는 의류제조업체는 신청분야에 과학기술을 선택하고 연구분야를 산업디자인으로 선택한다.)

○ 건물형태(전용면적) 물적 요건

- **독립공간**

사방이 막혀있는 별도의 출입문이 있는 공간을 의미하며, 다른 부서와 구분될 수 있도록 사방의 벽면을 경량칸막이 등 고정된 벽체로 구분하고 별도의 출입문을 갖추었을 경우 연구공간으로 인정된다.

- **분리구역**

소기업, 지식기반서비스 분야 중기업 및 벤처기업 기업부설연구소, 지식기반서비스 분야 연구개발 전담부서(정보서비스 및 소프트웨어 개발공급 업종만 해당)로서 연구공간 면적이

30㎡ 이하인 경우는 파티션, 책장 등으로 타부서와 구별이 되어있으면 연구공간으로 인정된다.

※ 무허가건물, 가건물, 주거전용 건물은 연구공간으로 인정받을 수 없다.

○ 연구개발투자

- **투자연도**

신청 당해 연도

- **연구비(인건비 포함)**

통상 연구원들의 연봉 합을 기재한다.

- **시설 및 기자재비**

연구에 직접 이용하는 연간 기자재비를 기재한다.

- **기타 운영비**

연구에 직접 이용하는 연간 운영비를 기재한다.

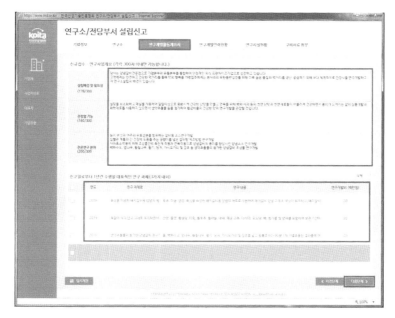

연구개발 활동 개요서를 기술한다.

○ 설립배경 및 필요성(300자 이내)

> **<예시>**
>
> 당사는 게이밍, 그래픽, 영상 등 전문가용 특수 모니터와 일반 고급형 및 보급용 모니터를 설계, 개발, 공급하는 글로벌 디스플레이 전문기업입니다.
> 디스플레이 산업의 풍부한 경험을 바탕으로 최고의 기술력을 보유하고 있으며 세계 최고의 전문 디스플레이를 공급하고자 끊임없는 연구개발의 필요성으로 차별화된 기술경쟁력을 확보하고자 기업부설 연구소를 설립하여 더욱 체계적인 기술개발에 전념하기 위한 설립배경이 있습니다.

<예시>

당사는 여성건강식품 전문 브랜드로 건강에 관한 고민을 해결해 줄 수 있는 제품을 선보이기 위해 약사, 영양사, 약학 박사, 헬스트레이너로 구성된 제품 자문단과 함께 믿고 먹을 수 있는 제품 연구에 최선을 다하고 있습니다. 인체가 요구하는 최적의 건강조건을 분석하여 지속적인 제품개발을 확보하기 위한 체계적인 기술개발의 필요성으로 인해 연구소설립을 신청합니다.

○ 관장할 기능(300자 이내)

연구소에서 관장할 주요연구의 포괄적인 연구부문을 기재할 것.

<예시>

게이밍 디스플레이 및 부속장치 연구
그래픽 영상 전용 디스플레이 및 부속장치 연구
의료용 디스플레이 및 부속장치 연구
웨어러블 증강현실 적용 디스플레이 장치 연구
일반 고급형 디스플레이 및 부속장치 연구
가격 경쟁 보급용 디스플레이 및 부속장치 연구

<예시>

주름개선, 탄력있는 피부, 피부 트러블을 개선하는 건강기능 연구개발
합성호르몬제에서 발생하는 부작용이 없는 안전한 제품 연구개발
저분자 콜라겐을 제조하는 방법의 연구개발
체중 감소 건강식품 연구개발.

○ 전문연구 분야(300자 이내)

연구할 구체적인 세부 연구 분야를 기재할 것.

<예시>

모니터 화면의 자가진단 기능을 갖는 절전형 디스플레이 연구개발
3D 안경과 디스플레이 장치를 포함하는 디스플레이 연구개발
초음파 터치 센서 디스플레이 연구개발
저소음 자동차 디스플레이 연구개발
복수의 디스플레이 패널이 일체로 구성된 의료용 디스플레이 연구개발
멀티 모니터 컴퓨터 시스템 디스플레이 장치 연구개발
투명 디스플레이 장치 연구개발

<예시>

탄수화물의 지방화를 억제하기 위한 가르시니아와 녹차를 함유한 다이어트식품
연구개발.
탄수화물 흡수를 막고 배출에 도움을 주는 콩다이어트식품 연구개발.
체지방 개선을 위한 식이섬유, 레몬 및 밤을 이용한 슬림다이어트식품 연구개발.
피부건강을 위한 저분자콜라겐, 펩타이드 및 비타민C의 혼합비 연구개발.
유산균과 엽산 등으로 장건강식품 연구개발.
천연식품원료 추출 과립차 및 건강기능식품 제조방법 개발.

○ 신청일부터 1년간 직접 수행할 대표적인 연구과제(3가지 정도)

　1년간 연구할 3가지 연구과제 내용을 구체적으로 기술할 것.

<예시>

① 소비 전력을 절감하도록 하는 절전 시스템 연구개발
　모니터 화면을 스스로 체크하여 자체적으로 절전모드로 진입할지를 결정하여
절전모드로 진입하면서 모니터의 상태를 VGA 측에 알려주는 데이터 신호를
차단함으로써 메인보드에도 모니터 꺼짐을 알려 더 이상 모니터에 데이터를
보내지 말라는 신호를 전송하여 전체 컴퓨터시스템의 소비 전력을 절감하도록
하는 절전 시스템 연구개발

② 복수의 디스플레이 패널이 일체로 구성된 의료용 디스플레이 연구개발
   타입이 다른 복수의 디스플레이 패널을 일체로 구성하고 지속 표시 시간이 각
   기 다른 영상을 해당 패널에 표시함으로써 패널의 열화를 방지하여 디스플레
   이의 성능과 수명이 저하되지 않음과 입력되는 하나의 영상을 별도의 프로그
   램이나 장치를 추가하지 않고도 디스플레이 자체적으로 분할하여 해당하는 목
   적 패널에 출력할 수 있는 복수의 디스플레이 패널이 일체로 구성된 의료용 디
   스플레이 연구개발

③ LED를 이용한 투명 디스플레이 장치 연구개발
   투명 디스플레이 장치는 주변이 밝으면 배경의 빛이 화소를 통과하기 때문에
   블랙 상태를 유지하지 못하거나 외부 광에 영향을 받아 배경 이미지가 중첩되
   어 화상의 선명도 및 시인성이 떨어지는 문제를 LED를 이용하여 사이드 백라
   이트를 구현함으로써 영상과 배면을 동시에 시인할 수 있는 투명 디스플레이
   장치 연구개발

<예시>

① 팥과 렌틸콩 추출물을 함유한 체중 감소 건강식품 연구개발.
   지방 합성 저해 효과를 갖는 가르시니아 추출물, 지방 연소 및 운동 능력을 증
   대시키는 L-카르니틴, 배변을 촉진하는 폴리덱스트로오스, 이뇨 촉진 효과, 배
   변 촉진 효과 및 콜레스테롤 개선 효과를 갖는 팥 추출물과 렌틸콩 추출물을
   함유하여 우수한 체중 감소 효과를 높이는 건강식품 연구개발.

② 동충하초, 수용성 콜라겐, 노루궁뎅이버섯을 배합한 조성물 및 건강기능식품
   연구개발.
   동충하초, 수용성 콜라겐, 노루궁뎅이버섯의 유익한 성분들이 인체에 잘 흡수
   될 수 있도록 하거나 또는 성분 상호 간에 상승작용 및 보완작용이 나타날 수
   있도록 효과적으로 배합하여 체지방 감소 및 장기능 개선에 효과가 있는 조성
   물 및 건강기능식품 연구개발.

③ 블렌시아 살미언티, 식이섬유, 미배아대두발효 및 보리분말의 과립차 및 건강
   기능식품 제조방법 개발.
   카테킨을 함유하는 블렌시아 살미언티, 식이섬유, 미배아대두발효 및 보리분말
   의 적절한 배합비와 이의 추출물의 혼합비를 연구하여 체내 활성산소 제거, 비
   만조절 및 체지방개선용 과립차 및 건강기능식품 제조방법 개발.

기업부설 연구소는 연구소장(위)과 연구원(아래)을 구분하여 기재한다.

전담부서는 연구원(아래)만 기재한다.

연구소장은 전임 또는 겸임할 수 있으며 겸임의 경우 인적요건(소기업 3인, 3년 미만 기업 또는 벤처기업 2인)에서 제외된다.

연구시설은 연구개발용으로만 사용하는 연구전용 기자재로서 기업부설 연구소 또는 전담부서 내에 있는 기자재를 기입한다.

기자재: 개발용 PC, 개발툴, 전문 SW, 측정 장비, 공구, 가공기구, 시험재료, 용기, 첨가물, 연구 소품 등

모델명을 알 수 없으면 주문제작, 일반제품, 당사제작 등으로 기재한다.

제작회사를 알 수 없으면 국산 등, 당사제작은 당사 기업명을 기재한다.

설치장소는 연구소명을 기재한다.

설치일을 파악하기 곤란한 경우 대략적으로 기재해도 된다.

공동, 개인 사용 구분은 PC, SW 등은 개인으로, 그 외는 공동으로 선택한다.

정보처리, 디자인 등에서 사용되는 고성능 PC, 개발툴, 그래픽편집 S/W 등은 연구 기자재로 인정되나 그 외 업종은 인정이 되지 않는다.

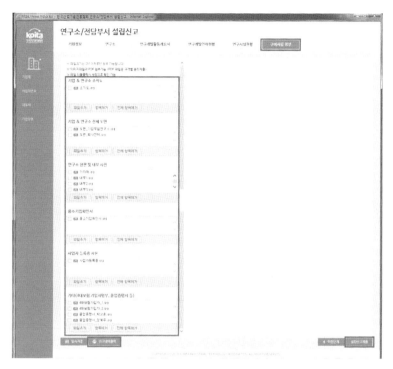

구비서류첨부

이미지 파일 또는 PDF로 첨부하여야 한다.

(PDF 파일 첨부시 결합하여 첨부하지 말고 1파일에 1장만 보이도록 각 항목에 맞게 분리하여 첨부할 것.)

○ 조직도

  - 부서형태로 작성(기업부설연구소, 연구개발전담부서 포함)

  - 부서별 소속 인원의 이름을 전부 기재(4대 보험 가입자 기준)

  ※ 종업원 외 4대 보험 미가입자(일용직, 파견직, 생산, 영업 등)
    의 고용형태가 있는 경우 해당 특이사항을 조직도상에 표기

<예시>

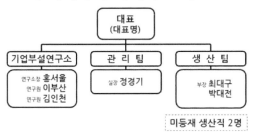

직원 수가 20인 이상일 경우 기업부설 연구소 인력의 이름을 전부 기재하고 타부서는 부서별 직원 수만 기재한다.

<예시>

○ 기업 및 연구소 전체도면

회사 전체 도면과 기업부설연구소 도면을 첨부하면 된다.

층별 구분되어있는 기업은 층별 구분 도면도 추가 첨부한다.

파워포인트로 작성하였으며 실력이 되면 더욱더 자세히 작성하면 된다.

<예시>

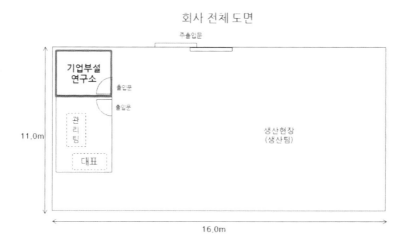

기업부설연구소 또는 연구개발전담서는 <빨간색 테두리>로 표기

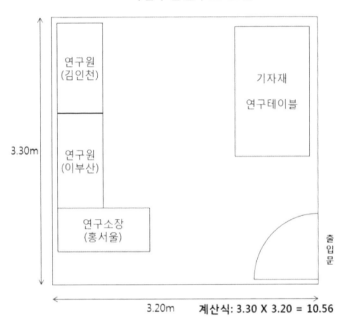

기업부설연구소 도면

계산식: 3.30 X 3.20 = 10.56

○ 연구소 현판 및 내부 사진

연구소 출입문 사진, 현판사진, 연구소 내부 사진 첨부할 것.

연구소 출입문 전체가 보이도록 촬영할 것.

연구소 현판을 근접 촬영할 것.

연구소 내부에 연구원이 착석한 상태에서 4각 구석에서 넓게

보이도록 각각 촬영할 것.

연구원이 기자재를 이용하여 연구하는 모습도 첨부하면 좋다.

〈예시〉 내부 사진 4컷

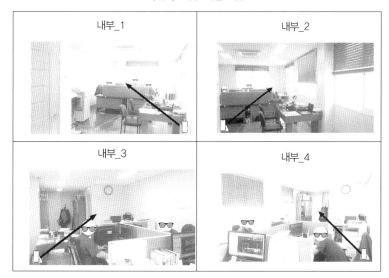

○ 중소기업확인서

　중소기업현황정보시스템(http://sminfo.mss.go.kr/)에서　중소기업확인서를 발급 신청하여 첨부할 것.

　※ 보완요청으로 중소기업기준검토표 또는 부가세신고서를 요구할 수 있다.

○ 사업자등록증 사본 첨부할 것.

○ 기타(4대 보험 가입자명부, 졸업증명서 등)

　4대사회보험가입자명부(연구 인력의 4대 보험 가입 여부 확인 필요), 졸업증명서, 경력증명서(해당자에 한함) 등 첨부

○ 신고내역출력

【별지 제6호 서식】 연구개발 전담부서 신고서

【별지 제2호 서식】 연구개발 활동 개요서

【별지 제4호 서식】 연구개발 인력 현황

【별지 제3호 서식】 연구시설현황

신고 내역이 4장으로 출력된다.

○ 설립신고제출

담당자의 확인을 거쳐 7일 이내 인정된다.

상태 ⇒ 제출완료

정부지원금 받는 법

담당자의 확인 후 인정되면 마이페이지 보유연구소 조회에서 "인정서 출력" 하면 된다.

신고내용이 부적합하면 보완을 요구할 수 있으며 보완공문의 내용에 따라 수정하거나 첨부파일을 준비하여 보완하기를 하면 담당자가 확인 후 인정 승인되면 "인정서 출력"을 하면 된다.

다음과 같은 인정서를 출력할 수 있다.

제 2019000000 호

기업부설연구소 인정서

1. 연 구 소 명: (주)대한민국 기업부설연구소

　　[소속기업명: (주)대한민국]

2. 소　재　지:

3. 신고 연월일: 2019년 08월 29일

※ 유효기간: 2021년 6월 1일(소 기업 인정요건 창업일로부터 3년까지)

과학기술정보통신부

「기초연구진흥 및 기술개발지원에 관한 법률」 제14조의
2제1항 및 같은 법 시행령 제27조제1항에 따라 위와 같이
기업부설연구소로 인정합니다.

2019년 9월 2일

한국산업기술진흥협회장

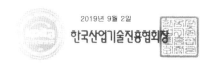

[표 11]　지식서비스 인정 분야 확인표(2017년 9월)

업종	코드	세부업종	기준 경비율 코드
위생 서비스	3701	하수 및 폐수 처리업	900200
	3702	분뇨 및 축산분뇨 처리업	900201
	3811	지정 외 폐기물 수집운반업	900101
	3812	지정 폐기물 수집운반업	900100
	3813~ 3823	건설 폐기물 수집운반업, 지정 외 폐기물 처리업, 지정 폐기물 처리업, 건설 폐기물 처리업	900101
	3824	방사성 폐기물 수집운반 및 처리업	900102
	3831~2	금속류 및 비금속류 해체, 선별 및 원료 재생업	351104, 371000, 372000, 900300

	3900	환경 정화 및 복원업(토양 및 지하수 정화업, 기타 환경 정화 및 복원업)	
소매	4711	대형 종합소매업(백화점, 대형마트, 기타 대형 종합소매업)	521910, 521911
	4731	컴퓨터 및 주변장치, 소프트웨어 및 통신기기 소매업	523531, 523323
	4781	의약품, 의료용 기구, 화장품 및 방향제 소매업	523111, 523114, 523116, 523120, 523131
	4791	통신 판매업(전자상거래, 기타통신판매업)	525101, 525102
운수 및 창고(산업)	4930 ~4940	도로화물 운송업(일반, 용달, 개별 화물자동차 운송업)	602301~5, 602307, 602308
		기타 도로화물 운송업	602309, 630701, 630702
		소화물 전문 운송업(택배업, 늘찬 배달업)	630901, 641201
	5210	보관 및 창고업(일반, 냉장 및 냉동, 농산물, 위험 물품 보관업), 기타 보관 창고업	630201~2
	5294	화물 취급업(항공 및 육상, 수상 화물 취급업)	630101~2
출판	5811	서적 출판업(교과서 및 학습 서적, 만화, 일반 서적)	221100
	5812	신문, 잡지 및 정기간행물 출판업(정기 광고간행물)	221200
	5819	기타 인쇄물 출판업	221900
소프트웨어 개발공급	5821	게임 소프트웨어개발 및 공급업(유선 온라인, 모바일, 기타 게임)	722000
	5822	시스템·응용 소프트웨어개발 및 공급업	722000
	6201	컴퓨터프로그래밍 서비스업	721000
	6202	컴퓨터시스템 통합 자문, 구축 및 관리업	721000
	6209	기타 정보기술 및 컴퓨터운영 관련 서비스업	729000
영화제작 배급	5911	영화, 비디오물 및 방송프로그램 제작업	921304, 921501~2
	5912	영화, 비디오물 및 방송프로그램 제작 관련 서비스업	921503
	5920	오디오물 출판 및 원판 녹음업	221300, 924901
방송(산업)	6010 ~6022	라디오 방송업	921301
		유선, 위성 및 기타 방송업, 프로그램 공급업	921303
부가통신	6121	유선 통신업	642001
	6122	무선 및 위성 통신업	642003

	6129	기타 전기통신업	642002, 642003
정보서비스	6311	자료처리, 호스팅 및 관련 서비스업	723000
	6312	포털 및 기타 인터넷 정보매개 서비스업	642004
	6391	뉴스제공업	724000
	6399	그 외 기타 정보 서비스업(데이터베이스 및 온라인 정보제공업)	724000
금융 및 보험(산업)	6412	일반은행(국내, 외국 은행)	659201
	6413	신용조합 및 저축기관(신용조합, 상호저축은행 및 기타 저축기관)	659202, 659205
	6420	신탁업 및 집합 투자업, 기타 금융 투자업	659900
	6491	금융리스업, 개발금융업, 개발금융기관, 신용카드와 할부금융업 그 외 기타 여신금융업	659203, 659204, 659206
	6499	그 외 기타 금융업(기금 운영업, 지주회사, 그 외 기타 분류 안 된 금융업)	659902
	6511 ~6530	생명 보험업, 손해 및 보증 보험업, 사회보장 보험업(사회보장, 건강, 산업재해 및 기타 사회보장 보험업) 연금 및 공제업(개인, 사업 공제업, 연금업)	660100, 660301~3
		재 보험업	660101
	6612	증권 및 선물 중개업	671202
	6619	증권 발행, 관리, 보관 및 거래지원 서비스업 투자자문업 및 투자 일임업, 그 외 기타 금융 지원 서비스업	671201, 671900
	6620	손해 사정업, 보험 대리와 중개업, 기타 보험 및 연금 관련 서비스업	672000, 749904
광고	7131	광고 대행업	743002
	7139	기타 광고업(옥외 및 전시, 광고매체 판매, 광고물 문안, 도안, 설계)	743001
시장조사 및 경영 컨설팅	7140	시장조사 및 여론조사업	741300, 930920
	7153	경영 컨설팅 및 공공관계 서비스업	741400, 741401
건축공학 관련 서비스	7211	건축 및 조경 설계 서비스업	742103, 742105
기타 공학 관련 서비스	7212	엔지니어링 서비스업 (건물, 토목, 환경, 기타 엔지니어링 서비스업)	742104, 742106
	7291	기술 시험, 검사 및 분석업(물질 성분 검사, 기타 기술 시험, 검사)	742201, 742202, 742209
	7292	측량, 지질조사 및 지도제작업	742101, 742102

	7310	수의업	852000
	7320	전문디자인업(인테리어, 제품, 시각, 패션, 섬유류 및 기타 전문디자인)	749910
	7330	사진 촬영 및 처리업	749400, 930904
	7390	그 외 기타 전문, 과학 및 기술 서비스업 (매니저, 통번역, 사업 및 무형재산권 중개, 물품 감정, 계량 및 견본 추출)	749902, 749903, 749911, 749939
	7410	사업시설 유지관리 서비스업	749921
	7430	조경 관리와 유지 서비스업	
기타 사업서비스	7521	여행사업(국내, 국외 여행사업)	523990
	7529	기타 여행보조 및 예약 서비스업	630600
	7531	경비 및 경호 서비스업	749200
	7532	보안시스템 서비스업	749200
	7533	탐정과 조사 서비스업	930916, 749200
	7591	사무지원 서비스업(문서작성, 복사)	749901, 749905, 749909
	7599	그 외 기타 사업지원 서비스업 (콜센터, 텔레마케팅, 전시 및 행사대행업, 신용조사 및 추심대행, 포장 및 충전업)	749500, 749907, 749921
교육기관	8550	일반 교습학원(외국어, 방문교육, 온라인 교육, 기타 일반교습)	809005, 809007
	8561	스포츠 및 레크리에이션, 태권도 및 무술 교육기관, 청소년 수련시설 운영업	809003, 809004, 921902
	8562	예술 학원(음악, 미술, 기타 예술 학원)	809009, 809012
	8563	외국어학원 및 기타 교습학원	809005
	8564	사회교육시설	
	8565	직원훈련기관	741402
	8566	기술 및 직업훈련학원(운전, 직업훈련학원)	809001, 809002, 809010, 809011
	8569	그 외 기타 교육기관(컴퓨터 학원)	809002
	8570	교육지원 서비스업(교육 관련 자문평가, 기타교육지원)	930915, 930921
의료 및 보건	8610	병원(종합, 일반, 치과, 한방, 요양 병원)	851101~3
	8620	의원(일반, 치과, 방사선 진단 및 병리 검사 의원, 한의원)	851201~851209, 851211~2, 851219, 851905
	8630	공중 보건 의료업	

	8690	기타 보건업(앰뷸런스 서비스업, 유사의료업, 기타 보건업)	851901~04, 851906~08
창작 예술 관련 서비스	9011	공연시설 운영업	921901
	9012	공연단체(연극, 무용 및 음악, 기타 공연단체)	921402, 921403
	9013	자영 예술가(공연, 비공연 예술가)	
	9019	기타 창작 및 예술 관련 서비스업(공연 기획, 공연 및 제작 대리업)	921401
문화서비스	9021	도서관, 기록보존소 및 독서실 운영업	923100
	9022	박물관 및 사적지 관리 운영업	923200
	9023	식물원, 동물원과 자연공원 운영업	923300, 924905
	9029	기타 유사 여가 관련 서비스업	923300

PART
03

특허
출원하기

특허, 실용신안 등은 자금지원, 벤처기업확인, 이노비즈기업 인증 외 정부 지원사업 등에 거의 요구되는 항목으로 배점을 받기 위해 미리 확보해두면 유리하다.

출원발명은 산업에 이용할 수 있어야 하며(산업상 이용 가능성), 출원하기 전에 이미 알려진 기술(선행기술)이 아니어야 하고(신규성), 선행기술과 다른 것이라 하더라도 그 선행기술로부터 쉽게 생각해 낼 수 없는 것이어야(진보성) 한다.

특허권은 권리를 획득한 국가 내에만 효력이 발생(속지주의)하며 특허권의 존속기간은 출원일로부터 20년, 실용신안권은 10년이다.

이 과정은 특허등록은 어렵더라도 특허출원 경험이 없는 분들을 위해 쉽게 출원할 방법을 기술한다.

1. 키프리스

타 특허를 분석하여 기술을 더하거나 특정 부분을 개선함으로써 산업상 이용 가능성, 신규성 및 진보성의 요건을 갖추면 등록이 가능할 수 있다.

"특허정보넷 키프리스(http://www.kipris.or.kr)"를 통해 발명하고자 하는 기술과 유사한 기존 특허들을 검색하여 "기술 분야", "과제의 해결 수단", "발명을 실시하기 위한 구체적인 내용"을 상세히 살펴보면 출원에 도움이 된다.

메인 메뉴의 ① "특허·실용신안" ⇒ ② "항목별 검색을 위해 이곳을 클릭해주세요"를 클릭한다.

① "발명의 명칭" 또는 ② "청구범위"에 발명하고자 하는 기술 또는 유사 기술을 입력하여 검색한다.

청구범위는 특허권으로서 법적으로 보호받을 수 있는 기술적 범위이다.

기존 특허를 분석하기 위해 최근의 특허 순으로 정렬할 필요가
있다.

① 정렬의 선택 ⇒ ② 출원 일자 ⇒ ③ 내림차순을 클릭한다.

출원 일자를 기준으로 내림차순을 선택한 후 ① "확인"을 클릭하면 우측과 같이 최신 출원일자순으로 나열이 된다.

② "요약"을 보면 발명하고자 하는 기술과 관련 및 관심기술이면 ③ 발명의 명칭을 클릭하여 내용을 상세히 확인할 수 있다.

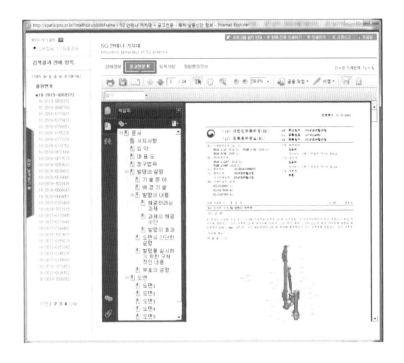

"공고 전문"을 클릭하면 PDF 파일로 저장할 수 있다.

발명하고자 하는 기술과 유사한 선 특허들을 다운받아 비교하여 연습 삼아 수정·변경해 보면 명세서를 작성하는데 도움이 된다.

2. 특허로

"특허로"에서 "전자출원 SW"를 설치하여 온라인을 통한 등록절차로 직접 출원할 수 있다.

이 과정은 온라인을 통한 직접출원을 위한 단계별 과정을 기술한다.

1) 특허고객 번호 부여신청

특허, 실용신안, 디자인, 상표를 특허청에 등록하기 위해서는 우선, 특허고객 번호를 부여받아야 한다.

특허로(http://www.patent.go.kr/)에 접속하여 "특허고객 번호부여 신청"을 클릭한다.

특허고객번호를 이미 부여받았다면 다음 장으로 이동한다.

"특허고객 번호부여 신청"의 "STEP 1"과 "STEP 2" 화면은
"다음"을 클릭하여 "STEP 3 화면"으로 이동한다.

정부지원금 받는 법

"STEP 3" 화면에서는 법인 기준으로 설명한다.

개인과 개인사업자의 경우 실명인증을 통해 특허고객 번호를 부여받을 수 있다.

법인등록번호, 사업자 번호 기재 후 "발급확인"을 클릭하면 "기존 발급된 특허고객 번호가 없습니다."라는 팝업창이 뜨며 신규 특허고객 번호를 부여받을 수 있다.

국문 법인명(예시: 주식회사 대한민국)과 영문 법인명(예시: KOREA Co., Ltd.)을 기재하고 "확인"을 클릭한다.

특허고객 번호부여 신청서 - [특허법시행규칙 별지 제4호 서식] 화면으로 이동된다.

특허고객번호부여신청

특허고객번호부여신청서를 작성할 수 있습니다.

특허고객번호 부여 신청서 - [특허법시행규칙 별지 제 4호 서식] [예시]

	* 출원인구분	국내법인 [▽]	
		· 출원인구분 선택시 오른쪽의 출원인구분 참조	
	* 주민(법인) 등록번호	110111 - ●●●●●●●	
	* 사업자 등록번호	111 - 11 - 11111	
성명 (명칭)	* 국문	주식회사 대한민국	
	* 영문	KOREA Co., Ltd.	

* 인감도장은 동사무소에 신고된것이 아니어도 무방합니다.
* 국내자연인 - 인감 ,서명 중 최소 한가지 등록
* 국내법인 - 인감만 등록
* 인감(서명)이미지는 선명하고 식별이 가능하도록 준비
* 스캔없이 휴대폰 카메라로 촬영된 이미지도 첨부 가능

	서명이미지첨부 [삭제]	
* 인감도장/서명	인감도장이미지첨부 [삭제]	
* 우편번호	도로명검색	

출원인 정보

주소	* 국문	· 전화번호장처리를 위해 주소를 정확히 기재하여 주시기 바랍니다.
		· 국내자연인이거나 개인 주민등록등본 주소가 국내법인은 법인등기부등본 주소를 기입하여 신청하여주시기 바랍니다.
	영문	
	우편번호	도로명검색
송달주소		· 주소와 송달주소가 동일한 경우 송달주소는 입력하지 않으셔도 됩니다.
	국문	
	* 시도/국적	국내시도선택 [▽]
		·
	* 전화번호	[ ] - [ ] - [ ] · 전화번호가 없는경우 휴대폰번호를 입력 바랍니다.
	휴대폰	010 [▽] - [ ] - [ ]
		· 휴대폰번호, 이메일을 입력하시면 만료일 알림(6일전) 등나 공
		다양한 서비스를 제공받을 수 있습니다.
	이메일	수취방법 온라인수령 [▽]
	단독출원가능여부	●가능 ○불가능 불가능사유 [ ]
	출원번호	10 [▽] - [ ] 1999.0 전 출원자의 출원번호

* 행정정보사용동의여부		· 이 건 사무 처리와 관련하여 전자정부법, 제36조 및 같은 법 시행령 제51조에 따라
		· 후속의 인감담당자가 행정정보의 공동 이용을 통하여 그대님은 구비서류를
		전자적으로 확인하는 것에 동의하십니까?
		(행정정보공동이용에 동의하지 않을 경우
		해당구비서류를 본인서류로 제출하셔야 필요한 사무를 처리하실 수 있습니다.)
		○동의 ○동의안함
* 이메일정보수집 및 이용동의		· 특허청에서 출원인 이메일정보를 수집하고 이용하는 것에 동의하십니까? 상세보기 ⊙
		○동의 ○동의안함
* 휴대폰정보수집 및 이용동의		· 특허청에서 출원인 휴대폰정보를 수집하고 이용하는 것에 동의하십니까? 상세보기 ⊙
		○동의 ○동의안함
* 전자 등록증 신청		· 신청시 후속의 전자통행을 우는일로 신청하고 e-서명 을 통하여 전자통행문을 담아 보실 수 있습니다. e-서명은 e-
		주소를 기재해 주세요
		○신청 ○미신청 (서면 등록증)

대리인 정보

	코드	[ ] - [ ] - [ ] 성명 [ ]
	증명서류	찾아보기 [추가] [삭제]
		· 도움말: 출원인, 포함법 정보표는 안내 참고

* 필수입력사항   신청

○ 인감도장 이미지 첨부

이미지 크기 4㎝ X 4㎝, 이미지 용량 100KB 이하로 준비한다.

도장 이미지는 깨끗한 흰 바탕 종이 위에 찍고 스캔 후 이미지로 저장한 후 그림판 등으로 '잘라내기' 하면 된다.

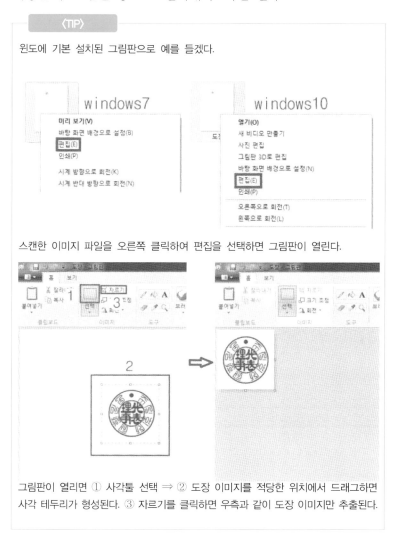

〈TIP〉

윈도에 기본 설치된 그림판으로 예를 들겠다.

스캔한 이미지 파일을 오른쪽 클릭하여 편집을 선택하면 그림판이 열린다.

그림판이 열리면 ① 사각툴 선택 ⇒ ② 도장 이미지를 적당한 위치에서 드래그하면 사각 테두리가 형성된다. ③ 자르기를 클릭하면 우측과 같이 도장 이미지만 추출된다.

○ 주소

국내주소만 입력, 법인은 법인사업자 주소를, 개인사업자는 사업장이 아닌 주민등록지 주소를 입력한다.

○ 행정정보사용 동의 여부

"행정정보사용동의여부" 는 필히 동의를 선택한다.

"이메일 정보수집 및 이용 동의", "휴대폰 정보수집 및 이용 동의", "전자 등록증 신청"은 동의나 신청하면 메일 또는 문자로 안내를 받을 수 있으나, 안 함이나 미신청을 해도 무관하다.

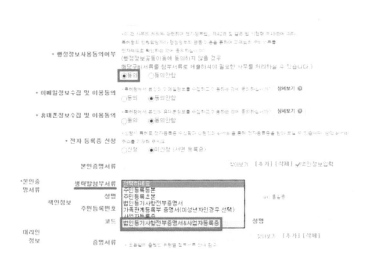

행정정보사용 동의 여부의 동의를 선택하고 "생략할 첨부서류"에서 "법인등기사항 전부 증명서&사업자등록증"을 선택한다.

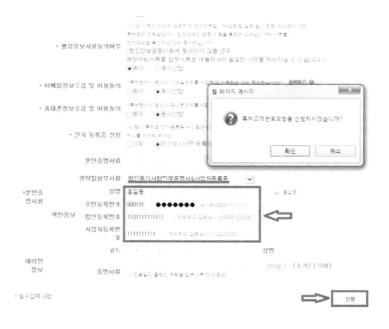

성명과 주민등록번호는 대표자 본인의 실명과 주민등록번호를 기재한다.

법인등록번호와 사업자등록번호를 기재하고 신청을 클릭한다.

특허고객 번호 신청결과 정보의 "접수번호"를 클릭하기 전에 꼭 메모한다.

화면이 바뀌어 "접수번호"가 기억나지 않으면 사용자등록/변경 ⇒ 신청결과조회 ⇒ 검색 구분에서 출원인/대리인 정보로 조회 ⇒ 검색하면 확인할 수 있다.

핸드폰 번호를 기재해 놓았다면 문자로 안내해준다.

"접수번호"를 클릭하면 "신청결과조회" 화면으로 이동한다.

"처리상태 및 결과"에 처음에는 "처리 중"으로 표기된다.

특허청 담당자의 확인 후 "수리" 또는 "반려"가 된다.

"반려"의 경우, 통지서 보기를 통해 반려 사유를 확인 후 재신청해야 한다.

"수리"의 경우 특허고객 번호가 부여되며 특허, 실용신안, 디자인, 상표 접수 시 이 특허고객 번호로 관리된다.

특허고객번호 통지서

접 수 번 호 : 4-1-2019-5111111-11
접수담당자 : 이특허
서류제출자 : 주식회사 대한민국
등 록 일 자 : 2019.09.02
특허고객번호 : 1-2019-000000-0

기초정보	성명	한 글 명 칭	주식회사 대한민국		
		영 문 명 칭	KOREA Co., Ltd.		
	법인등록번호		110111-1111111	출원인구분	국내법인
	사업자등록번호		111-11-11111		
	전 화 번 호		010-1111-1111	핸드폰 번호	없음
	Email주소		없음		

2) 공인인증서 등록

특허고객 번호를 부여받았다면 공인인증서를 등록해야 한다.

인증서사용등록 화면에서 ① 특허고객 번호 입력 후 ② 신청한다.
특허고객 번호가 기억나지 않는 경우 "특허고객 번호조회"로 알
수 있다.

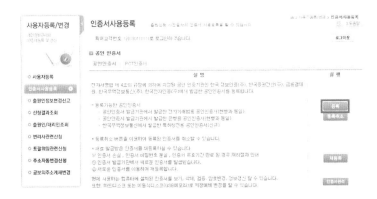

공인인증서를 등록하고 공인인증서로 로그인하여 관리한다.

3) 특허출원 절차

다음으로 특허, 실용신안, 디자인, 상표를 등록하려면 필수 프로그램을 설치해야 한다.

특허청에서는 더욱 편리한 다양한 프로그램을 제공하고 있다.

처음 출원하는 경우 "서식 작성기", "통합명세서 작성기"와 "첨부서류 입력기" 프로그램이면 족하며 이 책에서는 이 3가지 프로그램의 사용방법에 대하여 다룬다.

정부지원금 받는 법

각각의 프로그램 설치지 오류창이 발생하면 "무시"하고 설치하면 되며 설치된 프로그램을 실행하면 업데이트를 진행한다.

(1) 첨부 서식 입력기

중소기업이 특허출원 수수료의 70%를 감면받기 위해 사업자등록증, 중소기업확인서 또는 3개년 재무제표(또는 손익계산서)를 첨부하여야 한다. "첨부서식입력기" 프로그램으로 감면 파일을 압축 생성한다.

미리 사업자등록증, 중소기업확인서 또는 3개년 재무제표(또는 손익계산서)를 이미지 파일로 준비한다.

첨부 서식 입력기를 실행하면 다음과 같은 초기화면이 열린다.

① 출원서류 ⇒ ② 중소기업 기본법 제2조의 규정에 따른 소기업
(중소기업)에 해당함을 증명하는 서류 ⇒ ③ 확인

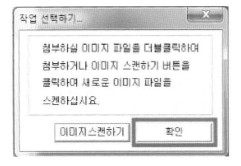

미리 이미지 파일을 준비하였을 것임으로 확인한다.

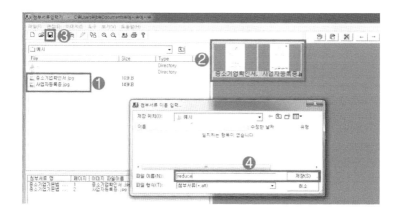

① 이미지 창에서 준비된 이미지를 각각 더블 클릭하면 ⇒ ② 오른쪽 화면에 이미지가 확인되며 ⇒ ③ 저장 버튼을 클릭하면 ⇒ ④ 입력창에 저장할 파일 이름을 입력하고 저장한다.

첨부 서식 입력기를 통해 파일을 미리 생성 저장해 놓고, 서식 작성기의 면제감면대상에서 이 파일을 첨부하면 된다.

(2) 통합명세서 작성기

"통합명세서 작성기"를 실행한다.

① 메인 메뉴 기능의 국내출원 새 문서 ⇒ ② 특허/실용신안 문서

⇒ ③ 특허 명세서 등(국어)을 순차적으로 클릭한다.

특허출원 시 도면이 첨부되는 것이 일반적이나 첨부할 도면이 없
는 경우 체크 해제하고 확인하면 된다.

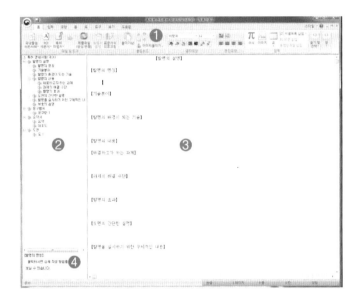

정부지원금 받는 법

특허 명세서를 작성할 수 있는 창이 열린다.

① 메인 메뉴창 ② 구조창 ③ 문서창의 기본구조로 이루어져 있으며, ④의 구조창의 일부는 구조창과 문서창을 클릭하면 간단한 도움말이 표시된다.

명세서 작성의 기본구조는 다음과 같다.

한글파일로 미리 작성하여 각 기술하는 란에 '붙여넣기' 하면 된다.

【발명의 설명】
【발명의 명칭】
기술하는 난 발명의 명칭(영문 명칭)

【기술 분야】
기술하는 란

【발명의 배경이 되는 기술】
기술하는 란

【발명의 내용】
【해결하고자 하는 과제】
기술하는 란

【과제의 해결 수단】
기술하는 란

【발명의 효과】
기술하는 란

【도면의 간단한 설명】
기술하는 란

【발명을 실시하기 위한 구체적인 내용】
<u>기술하는 란</u>

【부호의 설명】
<u>기술하는 란</u>

【청구범위】
【청구항 1】
<u>기술하는 란</u>

【요약서】
【요약】
<u>기술하는 란</u>

【대표도】
<u>도 1</u>

【도면】
【도 1】
<u>도면첨부</u>

[대표도]

<예시> 도 1 (대표도를 기재하지 않으면 오류가 난다)

마지막 단의 도면은 이미지 파일로 준비한다.

メイン 메뉴의 ① 이미지첨부 ⇒ ② 도면 이미지 선택 ⇒ ③ '열기'
하면 첨부된다.

도면이 여러 장이면 도면을 추가해야 한다.

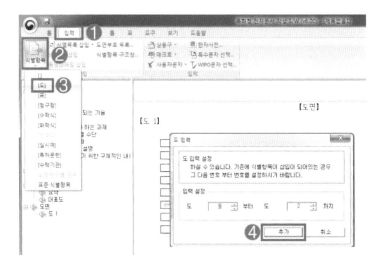

　　　　　　　　　　　　　　　　　정부지원금 받는 법

① 메인 메뉴의 입력 ⇒ ② 식별항목 ⇒ ③ 아래 [도] ⇒ ④ 추가하여 첨부하고 도면 개수만큼 반복하면 된다.

명세서를 다 작성하였으면 저장을 하고, "서식 작성기"에 첨부하기 위해 제출 파일(생성/변환) 형식으로 저장해야 한다.

먼저 .HLT 파일형식으로 저장한다.

① 저장 아이콘 ⇒ ② 파일명 입력(파일명은 띄어쓰기 없이 입력) ⇒ ③ 저장한다.

다음 "서식 작성기"에 첨부할 *.HLZ 파일형식으로 저장한다.

① 메인 메뉴의 제출 파일(설정/변경) ⇒ ② 파일명 입력(파일명은 띄어쓰기 없이 입력) ⇒ ③ 저장한다.

이로써 특허 명세서가 작성되었다.

명세서 작성에 어려움이 있는 경우 다음 장에 "공익변리사 특허상담센터(https://www.pcc.or.kr/pcc/)"에 무료로 도움을 받을 수 있다.

특허청과 한국지식재산보호원은 경제적인 어려움이나 전문지식의 부족으로 큰 비용과 노력을 들여 개발한 기술 등이 변리 서비스를 받지 못해 사장되는 것을 막기 위해 2005. 4. 1.부터 공익변리사 특허상담센터(pcc.or.kr)를 개소하여 사회적 약자에게 무료 변리 서비스를 제공하고 있다.

사회적 약자에 소기업이 해당하며 명세서 작성에 어려움이 있다면 센터 양식인 발명설명서(1. 발명의 명칭, 2. 종래기술에 대한 설명, 3. 종래기술의 문제점에 대한 설명, 4. 발명의 구성 및 동작 원리에 관한 설명, 5. 발명의 효과, 6. 도면)를 작성할 수 있는 범위 내에서 작성하여 신청하면 되며, 작성에 어려움이 있다면 센터에 방문하여 도움을 받을 수도 있다.

(4) 서식 작성기

통합명세서 작성기로 *.HLZ 파일을 생성하였으면 "서식 작성기"를 실행한다.

① 서식 작성기를 실행하면 서식 탐색기의 국내출원 서식 앞에 "+"로 표시된다. 국내출원 서식 ⇒ 특허출원서 ⇒ ② 구분등록의 특허출원 ⇒ ③ 입력항목에 서식작성을 클릭한다(화면이 작은 모니터나 노트북은 서식작성이 보이지 않을 수 있으니 특허출원을 더블클릭하면 된다. ⇒ ④ 요약서/명세서(도면)/별지 파일 창이 열리고 찾기 ⇒ ⑤ "요약서/명세서/도면 파일 찾기" 창이 열리며 이때 통합명세서에서 작성하여 저장한 *.HLZ 파일을 찾아 ⇒ ⑥ 열기로 첨부한다.

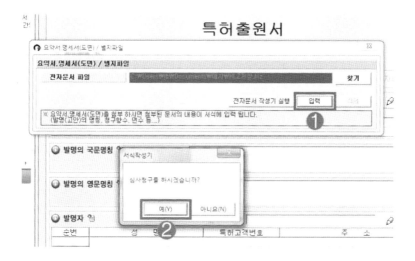

① *.HLZ 파일이 첨부되었으면 입력을 클릭 ⇒ ② 심사청구를 하시겠습니까? "예"를 선택한다.

"아니요"를 선택하면 "심사청구 시에만 진행하게 되며 3년 이내에 심사청구를 할 수 있습니다."라는 알림창이 열리는데 "아니요"를 선택하더라도 심사를 유예하는 것이므로 특허출원은 진행된다.

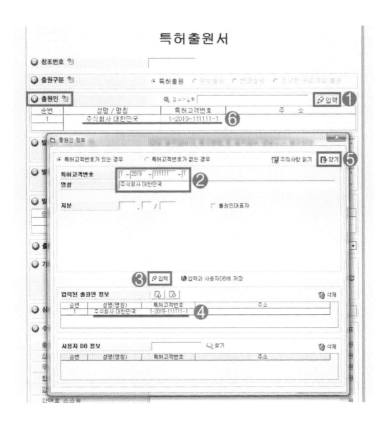

특허출원서

　　출원인의 ① 입력을 클릭하면 출입인정보의 새 창이 열린다. ⇒ ②
특허고객 번호 기입 및 명칭에 기업명(또는 개인명)을 기입한다. ⇒
③ 입력을 클릭하면 ④ 입력된 출원인 정보를 확인하고 ⇒ ⑤ 닫기
⇒ ⑥ 출원인 정보가 자동 입력된다.

발명자의 ① 입력을 클릭하면 발명자정보의 새 창이 열린다. ⇒ ② 특허고객 번호가 있는 경우 또는 없는 경우 선택 ⇒ ③ 없는 경우를 선택한 예시로 해당란 입력 ⇒ ④ 입력 클릭 ⑤ 발명자 정보 확인 ⇒ ⑥ 닫기 ⇒ ⑦ 발명자 정보가 자동 입력된다.

출원인은 기업명 또는 개인이 될 수 있지만 발명자는 개인명을 입력하여야 한다.

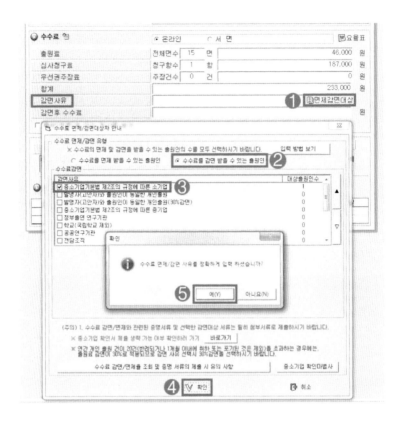

수수료 면제감면대상자 안내 창의 감면 사유에서 ① 면제감면대상 ⇒ ② 수수료를 감면받을 수 있는 출원인을 선택하여 ⇒ ③ 감면 사유 중 중소기업 기본법 제2조의 규정에 따른 소기업(중기업)을 선택 ⇒ ④ 확인 ⇒ ⑤ '예'를 선택한다.

    첨부서류 정보창이 새로 열린다. ① 첨부서류파일 찾기 ⇒ ② "첨부 서식 입력기"(page 92)를 통해 미리 생성해 놓은 감면 파일 선택 ⇒ ③ 열기 ⇒ ④ 닫기 ⇒ ⑤ 감면 적용된 수수료가 자동 계산되어 입력된다.

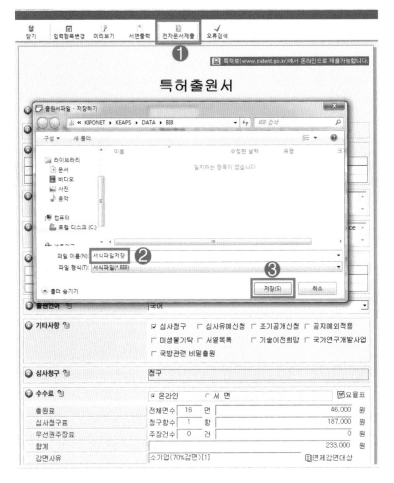

특허출원서의 해당 항목들을 입력하였으므로 특허청에 제출하여
야 한다.

① 전자문서 제출 클릭 ⇒ ② 서식 파일명 입력 ⇒ ③ 저장한다.
다음과 같이 온라인제출 마법사 창이 열린다.

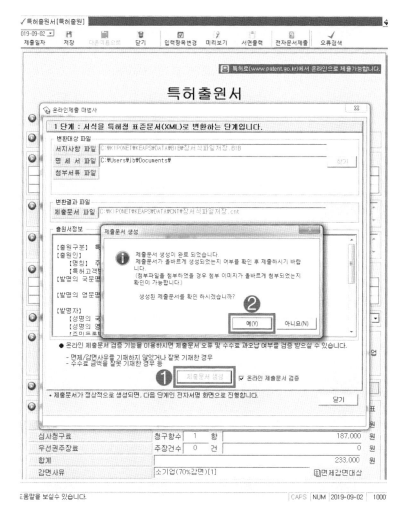

① 제출문서생성 ⇒ ② '예' 하면 출원인, 발명자, 출원내용 등을
다음과 같이 확인할 수 있다.

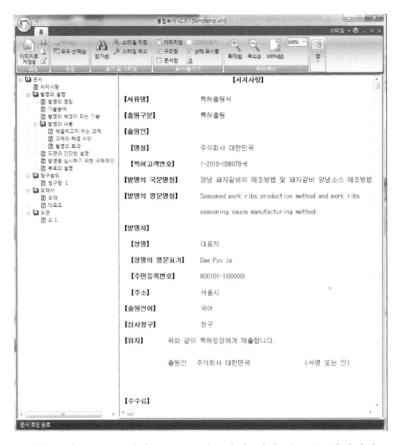

제출문서를 PDF 저장 또는 프린트하여 이상 유무를 확인한다.

제출문서에 이상이 없으면 로그인하여 제출단계를 진행한다.
① 로그인 ⇒ ② 등록된 공인인증서로 로그인한다.

제출문서가 업로드 되고 검증결과에 오류 없이 [정상] 확인하고
다음 단계로 이동한다.

① 서명 ⇒ ② 한 번 더 공인인증서 로그인한다.

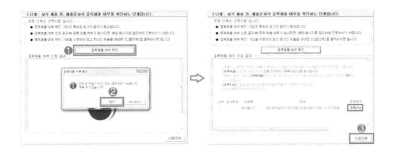

제출된 문서의 중복 여부 확인을 거친다.

① 중복 여부 확인 ⇒ ② 예 ⇒ ③ 중복 아님을 확인하고 다음 단계로 이동한다.

정부지원금 받는 법

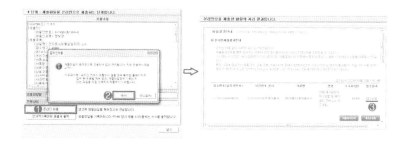

① 온라인제출 ⇒ ② 예 ⇒ ③ 접수 완료를 확인하고 서식작성기
프로그램을 종료한 후 특허로 홈페이지에서 수수료를 납부하면 된다.

4) 특허출원 제출결과 및 수수료 납부

(1) 출원번호통지서 및 수수료 납부

○ **출원번호통지서**

특허출원 제출결과를 확인하고 수수료를 납부하기 위해 특허로
(patent.go.kr)에 접속하여 공인인증서로 로그인한다.

① 출원신청 ⇒ ② 제출결과조회 ⇒ ③ "(특허출원)특허출원서"를 클릭하면 출원번호통지서를 확인할 수 있다.

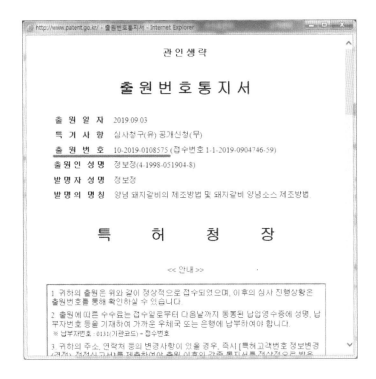

수수료를 납부하면 일정 기간 후, 출원 사실 증명원을 발급할 수 있는데 그 전에 제출해야 할 경우가 있으면 위 출원번호통지서를 오른쪽 클릭 인쇄하여 첫 장만 제출하면 된다.

○ 수수료 납부과정

① 메인 메뉴의 수수료 관리 ⇒ ② 수수료 납부 ⇒ ③ 온라인 납부 '바로가기'를 클릭한다.

신용카드, 계좌이체, 휴대폰 중 선택하여 결제하면 된다.

(2) 출원 사실 증명원 발급

수수료 결제 후 1~2주 정도 지나면 출원 사실 증명원을 발급받을 수 있다.

출원 사실 증명원 발급 과정 ① 메인 메뉴의 증명서발급 ⇒ ② 발급신청 ⇒ ③ 출원 사실 증명신청의 발급신청을 클릭한다.

① 출원번호는 출원번호통지서 또는 제출결과에서 확인하여 입력하고 신청부수 입력 ⇒ ② 추가 ⇒ ③ 신청내용 확인 ⇒ ④ 발급 용도를 선택하고 수취방법은 온라인수령 ⇒ ⑤ 신청하면 된다.

증명서 수신함의 발송번호를 클릭하면 아래와 같이 출원 사실 증명원을 출력할 수 있다.

PART
04

사업계획서

1. 기술보증기금의 기술사업계획서

　기술보증기금의 보증용 기술사업계획서는 2억 이하 보증과 2억 초과 보증으로 구분된다.

　각각의 기술사업계획서는 기술보증기금 홈페이지 서식자료실에서 다운받아 작성하면 된다.

1) 2억 이하 보증 작성요령

자금신청과 벤처기업확인을 함께 신청하는 경우 벤처인에 이 기술사업계획서를 첨부하면 되며, 자금신청 이후 벤처기업확인을 별도로 신청할 경우 page 165 "3. 벤처인의 벤처기업 평가를 위한 기술사업계획서"를 첨부해야 한다.

[별지 4-1호] 양식 기술사업계획서(보증용)

접수번호				접수일	20 년 월 일	
					팀 원	팀장

기 술 사 업 계 획 서(보증용)
※ 총보증금액 2억원 이하 신청기업용

◈ 기술평가 신청기술(제품)

기술사업(제품)명

◈ 평가종류

평 가 종 류	신 청 내 용	
□ 자금지원용평가	□ 운전 : ( ) 백만원	□ 시설 : ( ) 백만원
□ 우수기술기업인증평가	□ 벤처기업확인평가	□ 이노비즈기업선정평가

상기와 같이 기술평가(보증)를 신청합니다.

년 월 일

기 업 체 명 :
대 표 자 : (인)

기술보증기금 ( )지점(소)장 귀하

작성자성명		직위		연락처	HP)	TEL)	E-mail)

〈 안 내 말 씀 〉

◈ 윤리경영 ~~~~~~ 활약

『양식의 항목 중 언급이 불필요한 항목은 생략하였음』

※ "총보증금액 2억 원 이하 신청기업용"으로 명시되어 있다.

○ 기술사업(제품)명

보증을 받고자 하는 기술사업 또는 기술제품의 구체적인 명을 기재한다. page124 "④기술사업 내용의 기술사업(제품)명"과 동일하게 기재한다.

<예시>

※ 특허 보유 업체
특허 기술의 개발이 완성되었으면 「"발명의 명칭" 양산사업」
특허 기술이 개발 중이면 「"발명의 명칭" 개발」
특허출원 중이면 「"발명의 명칭" 개발」

※ 특허 보유하지 않은 업체
영위하는 제품(서비스)의 「"제품의 주요부품(서비스)명" 신기술(신사업, 신공정) 개발」 등

○ 평가종류

자금과 벤처기업확인 평가를 동시에 진행하는 것으로 예시

□ 자금지원용 평가 ⇒ ■자금지원용 평가

□ 운전:( )백만 원 ⇒ ■운전:(200)백만 원

□ 우수기술기업 인증평가 ⇒ ■우수기술기업 인증평가

□ 벤처기업 확인평가 ⇒ ■벤처기업 확인평가

기업체명			대표자		E-mail	
					Homepage	
사업장	주 소			전화번호 (팩스번호)	사업자등록번호	소유 여부
	본사)			( )	- -	☐ 자가, ☐ 임차
	사업장)			( )	- -	☐ 자가, ☐ 임차
주요제품 (상품, 용역)			용도 및 특성			
상시근로자	전년도 평균 : 명, 최근 __월말 : 명			가동상황	월 평균 ___일	
생산방식	자사제조___% / 외주가공 ___%			주거래은행		
연혁	연 월	내 용		주요시설	종 류	수 량
	년 월					
	년 월					
	년 월					
	년 월					
관계기업	회사명 : , 대표자 : , 관계내용 :					
보증료 환급계좌	※ 법인기업: 법인명의 계좌, 개인기업 등 : 대표자명의 사업용 계좌					
	은행명) 계좌번호) 예금주)					
사이버영업점 가입사항	가입여부	☐ 여, ☐ 부		세무·회계사무소명		
				전화번호		

① 기업체 개요

○ 주요제품(상품, 용역)

1. □□제품

2. ○○제품

3. △△제품(품목이 많을 경우 외)으로 기재

○ 용도 및 특성

각 주요제품의 용도 및 특징 기재

○ 상시근로자

『"상시근로자라 함은 당해 기업에 계속하여 고용된 근로자 중 3개월 이내 기간을 정하여 고용된 근로자, 일용근로자 및 기업 부설 연구소의 연구전담 요원을 제외한 자를 말함"이라 명시되어있으나 4대 보험에 가입된 직원이면 모두 기재할 것.」

○ 생산방식

자사제조 100%(80~100), 외주가공: 0%(0~20)로 기재

○ 가공상황

월평균 22일

○ 연혁

설립일, 상호변경일, 법인전환일, 자본금 증자한 경우 증자일,
회사(공장) 이전일, 연구소설립일, 특허등록 및 출원일 등 해당
사항 기재

○ 주요시설

기계장치, 구축물, 장비 기구 등 1백만 원 이상 되는 시설명과
수량 기재

○ 관계기업

해당하는 업체만 기재

○ 보증료환급계좌

평가 신청 시 보증료를 미리 납부하여야 한다.
현장평가를 진행하지 않을 때 돌려주는 계좌로 통상 주거래은
행을 기재한다.

성 명			생년월일				자택전화			
현 주소지							휴대전화			
동업계 종사기간	년 개월		경영형태	창업( )	2세승계( )		인수( )	전문경영인( )		
최종학력	년도 월			학교(대학원)		학과 (졸업, 수료, 중퇴)				
주요경력	기 간		근 무 처				근무처업종	담당업무	최종직위	
	년 월 - 현 재									
	년 월 - 년 월									
	년 월 - 년 월									
거주주택					소유자(관계)			( )		
경영진					주주(년 월 일 현재)					
직위	성명	실제경영자 또는 대표자와의 관계	최종학력	담당업무 및 주요경력	주주명		실제경영자 또는 대표자와의 관계		소유 주식금액	
					합계(주주 수 : 명)					

※ 공동 대표자, 실제 경영자 등이 추가로 있는 경우에는 위 표를 복사하여 추가로 작성

② 대표자 등(1.대표자( ), 2.공동대표자( ), 3.실제 경영자 등( ))
및 경영진 현황

1. 대표자(■ 또는 ● 또는 √ 로 표기)

○ 동업계 종사 기간

대표자의 경력으로 관련 업종 또는 유사업종에 종사한 총 기간
기재

○ 주요경력

대표자의 동종업 경력이 최소 3년은 필요하며 실무에선 5년 이
상이 필요하므로 관련 업종과 유사업종을 모두 기재할 것.
대표자의 동업계 종사 기간이 많을수록 유리하니 유사업종은
물론 타 업종도 연관업종으로 어필할 필요가 있다. (허위 기재
는 주의)

○ 경영진

경영에 참여한 분을 기재하며 신용도가 상당히 낮은 분은 배제할 것

○ 주주

개인사업자 해당 없음

구 분		전전년도 (실적)	전년도 (실적)			금년도 (예상)
계(수출실적)		(천불)	(천불)			(천불)
최근 매출실적(_월말 현재)			최근 수주금액(_ 월말 현재)			
부실채권보유액 _월말 현재				상호	사업자번호	연간거래액
매출조건	현금 % / 외상 %		매출처		· ·	
	결제기간 (일 - 일)				· ·	
매입조건	현금 % / 외상 %				· ·	
	결제기간 (일 - 일)			계	· ·	약__ 개 업체
자금사용계획 (자금용도)						

③ 매출현황 및 영업현황 (건설업은 별지 작성)   (단위 : 백만원)

③ 매출 현황 및 영업 현황

○ 계(수출실적)

금년도(예상) 매출액은 전년도(실적)보다 20% 이상 성장할 것
으로 기재

○ 최근 매출실적(월말 현재)

연초부터 최근 월말까지의 매출액(계산서발급분과 발급예정인
매출액 모두 포함)

○ 매출처

전년도(올해 창업기업은 최근 월말) 기준으로 매출액 상위 순
으로 기재, 약(총 거래처) 개 업체

○ 자금사용계획(자금용도)

```
<예시>

- 「4 기술사업 내용의 기술사업(제품)명에 기재한~~」 개발비
- 원자재 구입비
- 운영비
```

4 기술사업 내용

기술사업(제품)명				개발 방법	☐ 단독, ☐ 공동	
권리구분	☐ 특허권 ☐ 실용신안권 ☐ 디자인 ☐ 프로그램저작권 ☐ 기타 ( )					
사업화단계	☐ 양산(시장판매·사업화포함)단계 ☐ 양산(시장판매·사업화포함)준비단계 ☐ 제품화(상품화·제작포함)완료단계 ☐ 시제품(연구·개발·기획)단계					
기술사업(제품) 내용	※ 사용처, 용도 및 제작내용 등 기술사업내용 및 개발 동기 기재요망					
기술개발 환경	☐ 공인된 기업부설연구소 ☐ 연구개발전담부서 보유 ☐ 기술인력만 확보 ☐ 연구설비 및 기술인력 없음					
기술인력 현황	직위	성 명	생년월일	최종학력(전공)	주요 경력(동업종 경력)	
지식재산권 각종인증등	특허			실용신안		
	☐ 등록 ( )건 ☐ 출원 ( )건			☐ 등록 ( )건 ☐ 출원 ( )건		
	☐ 디자인등록 ( )건 ☐ 상표권등록 ( )건 ☐ ISO 인증 ( )건 ☐ 기타(		☐ 프로그램등록 ( )건 ☐ KS 인증 ( )건 ☐ 면허 및 인허가 ( )건)건			
도입 또는 개발희망기술			개 발 방 법	☐ 직접개발 ☐ 용역외뢰 ☐ 기술이전(매수) ☐ 기업인수합병 ☐ 기타 ( )		

4 기술사업 내용

○ 기술사업(제품)명: page 119 참조

○ 개발방법: ☐ 단독 ⇒ ■ 단독

○ 권리 구분

　□ 특허권 □ 실용신안권 □ 디자인 □ 프로그램저작권 □ 기타( )

　해당 항목에 ■ 표기하고, 해당하지 않을 때 ■ 기타(신제품개발,

　신기술개발 등)로 기재할 것.

　<자금지원, 벤처기업확인 외 정부 지원사업 등에 거의 요구되

　는 항목으로 기술성 배점을 받기 위해 미리 확보해두면 유리하다.>

○ 사업화 단계

　□ 양산(시장판매·사업화 포함) 단계

　□ 양산(시장판매·사업화 포함) 준비단계

　□ 제품화(상품화·제작 포함) 완료 단계

　■ 시제품(연구·개발·기획) 단계

　해당 항목에 ■ 표기

○ 기술사업(제품)내용

　- 회사가 영위하는 사업의 인사말 또는 경영이념

　- 제품의 특성 및 핵심기술

　- 기술개발내용 및 과정 등의 순서로 간략히 기술하면 된다.

　위의 내용을 2~3장 정도에 기술하면 적당하다.

　하지만, page 19 [표 2] 기술성 평가표의 총점 65점 이상 및 기

　술성 부문에서 31점 이상을 획득하여야 하므로 더욱더 어필할

　필요성이 있다.

※ 입력할 공간이 부족하면 공간을 추가하여 작성하면 된다.

혹여 익숙하지 않은 분을 위해 간단한 TIP은 아래와 같다. (아는 분은 다음으로 이동)

①블럭지정하고 ctrl+c

② 박스외부에
커서를 위치시키고 ctrl+v

③복사됨

④블럭지정하고 Delete

⑤삭제됨

⑥블럭지정하고 ctrl+c
박스외부 커서를 위치시키고 ctrl+v

박스 내부에 커서를 위치시키고
⑦글자처럼취급에 체크

- 회사가 영위하는 사업의 인사말 또는 경영이념

기업이 영위하는 산업의 소개와 경영이념 등을 기술할 것.

〈TIP〉

인사말 또는 경영이념 등이 준비되어 있지 않다면 타사 홈페이지 또는 기업 소개를 참조하여 작성하거나 또한 전자공시시스템(http://dart.fss.or.kr) DAT에서 영위하는 사업과 관련된 코스피, 코스닥 기업을 검색하면 분기보고서, 반기보고서 또는 사업보고서를 볼 수 있으며 그 내용 중 "사업의 내용"을 참조하면 산업의 개요, 산업의 특징, 판매전략 등이 기술되어 있으니 이를 참조하면 작성에 도움이 된다.

- 제품의 특성 및 핵심기술

〈TIP〉

<특허등록 보유업체 및 특허출원을 한 업체>
특허의 내용 중 "기술 분야", "과제의 해결 수단", "발명을 실시하기 위한 구체적인 내용"을 알기 쉽게 정리하여 기술할 것.

<특허등록 및 출원을 하지 않은 업체>
공급하는 제품(서비스)의 공정 사진들을 첨부하고 공정별 기술 및 핵심공정의 주기능 등에 관한 특징 사항을 기술할 것.
공급하는 제품(서비스) 사진들을 첨부하고 주요 제품(서비스)의 용도, 사양, 주기능, 성능 등에 관한 특징 및 경쟁사와의 차별점을 기술할 것.

- 기술개발내용 및 과정 등

관련되는 국내·외 기술개발 현황, 문제점 및 전망 등을 기술할 것.

<특허등록 보유업체 및 특허출원을 한 업체>
특허의 내용 중 "발명의 배경이 되는 기술"의 개발 필요성과 "발명의 효과"를 기술하고 개발로 인한 매출성장이 기대되고 이로 인한 인력충원예정을 덧붙여 기술할 것.

<특허등록 및 출원을 하지 않은 업체>
업체의 공급 제품(서비스)의 우수성을 기술하고, 하지만 더욱 성장하기 위한 제품(서비스)의 보완할 기술 또는 향상되어야 할 기술을 필요성으로 "현재 공급 제품(서비스)"을 "「향상된 명칭 또는 추가 첨부되는 명칭 등」의 제품(서비스)"으로 기술개발에 착수하였다 등 이로 인한 차별화된 경쟁력을 확보하여 매출 신장과 인력충원이 기대된다. 등으로 기술할 것.

○ 기술개발 환경

■ 공인된 기업부설연구소 □ 연구개발전담부서 보유

□ 기술인력만 확보 □ 연구설비 및 기술인력 없음

해당 사항에 ■ 표기.

"연구설비 및 기술인력 없음"의 경우 벤처기업확인 및 보증 평가가 부적합하다.

기업부설연구소는 자금지원, 벤처기업확인 외 정부 지원사업 등에 거의 요구되고 있어 기술성 배점을 받기 위해 미리 확보해두면 유리하다.

연구 인력의 부족으로 기업부설연구소의 설립신고가 곤란한 경우 인적요건을 갖춘 1명으로 연구개발전담부서라도 설립 신고하길 권장한다.

○ 기술인력 현황

"연구개발 전담부서 보유" 또는 "기술인력만 확보"에 해당하면 대표자와 기술인력을 함께 기재할 것.

주요 경력(동업종 경력)은 "동업종 00년 경력"으로 기재.

○ 지식재산권 각종 인증 등

특허, 실용신안, 디자인등록, 상표권등록, 프로그램등록, KS 인증, ISO 인증, 면허 및 인허가, 기타 해당 항목 표기.

프로그램등록(software 개발공급 업체) 및 저작권(지식서비스 업체)은 한국저작권위원회(https://www.cros.or.kr)에 등록하면 며칠 이내에 받을 수 있다.

자금지원, 벤처기업확인 외 정부 지원사업 등에 거의 요구되는 항목으로 기술성 배점을 받기 위해 미리 확보해두면 유리하다.

○ 도입 또는 개발희망기술

기술(사업)명과 연관된 향후 품질향상, 제품개발 등의 필요할 것으로 판단되는 구체적 기술명을 간략히 기재할 것.

○ 개발방법

☐ 직접개발 ⇒ ■ 직접개발

다음 장(별지)은 건설업에 해당하면 기재하며 건설업이 아닌 업체는 삭제하고 제출할 것.

2) 2억 초과 보증 작성요령

자금신청과 벤처기업확인을 함께 신청하는 경우 벤처인에 이 기술사업계획서를 첨부하면 되며, 자금신청 이후 벤처기업확인을 별도로 신청할 경우 page 165 "3. 벤처인의 벤처기업 평가를 위한 기술사업계획서"를 첨부해야 한다.

[별지 4호] 기술사업계획서(보증용)

접수번호		접수일	20 년 월 일

	팀 원	팀장

기 술 사 업 계 획 서(보증용)

※ 총보증금액 2억원 초과 신청기업용

◆ 기술평가 신청기술(제품)

기술사업(제품)명	

◆ 평가종류

평 가 종 류	신 청 내 용	
□ 자금지원용평가	□ 운전 : ( ) 백만원	□ 시설 : ( ) 백만원
□ 우수기술기업인증평가	□ 벤처기업확인평가	□ 이노비즈기업선정평가

상기와 같이 기술평가(보증)를 신청합니다.

년 월 일

기 업 체 명 :
대 표 자 : (인)

기술보증기금 ( )지점(소)장 귀하

작성자성명		직위		연락처	HP)	TEL)	E-mail)

〈 안내 말씀 〉

◆ 윤리경영 ~~~~ 확약

『양식의 항목 중 언급이 불필요한 항목은 생략하였음』

※ "총보증금액 2억 원 초과 신청기업용"으로 명시되어 있다.

○ 기술사업(제품)명

보증을 받고자 하는 기술사업 또는 기술제품의 구체적인 명을
기재한다.

page 139 기술사업계획단의 ① 기술사업 개요의 기술사업(제
품)명과 동일하게 기재할 것.

<예시>

※ 특허 보유업체
  특허 기술의 개발이 완성되었으면
  「"발명의 명칭" 양산사업」
  특허 기술이 개발 중이면 「"발명의 명칭" 개발」
  특허출원 중이면 「"발명의 명칭" 개발」

※ 특허 보유하지 않은 업체
  영위하는 제품(서비스)의 「"제품의 주요부품(서비스)명" 신기술(신사업, 신 공
  정) 개발」 등

○ 평가종류

자금과 벤처기업확인 평가를 동시에 진행하는 것으로 예시

□ 자금지원용 평가 ⇒ ■ 자금지원용 평가

□ 운전:( )백만 원 ⇒ ■ 운전:(400)백만 원

□ 우수기술기업 인증평가 ⇒ ■ 우수기술기업 인증평가

□ 벤처기업 확인평가 ⇒ ■ 벤처기업 확인평가

기 업 체 개 요

① 개 요

기업체명 (영 문)		대표자 (영문)		E-mail(대표자)			
				Homepage			

	본사 여부	우편물 수령	주 소	전화번호 (팩스번호)	사업자등록번호	소유자(관계)	임차보증금(월세)
사 업 장	☐	☐	1)	( )	- -	( )	백만원(천원)
	☐	☐	2)	( )	- -	( )	백만원(천원)
	☐		3) 외 개	( )	- -	( )	백만원(천원)

실무자 연락처	직 위		성 명		세무.회계사명	
	핸드폰		E-mail		전화번호	

상시근로자	전년도 평균 : 명 (사무직 : 명, 기술직 : 명, 기능직 : 명, 기타 : 명) 최근 월말 : 명

생산방식	자사제조 %/외주가공 %	가동상황	월 평균 일

주 요 제 품 (상품, 용역)		용도 및 특성	

기업형태	거래소( ) 코스닥( ) 제3시장( ) 등록( ) 벤처기업( ) 외감( ) 외국인투자( ) 전문경영인( )

관계기업	회사명 : , 대표자 : , 관계내용 :

주거래 여신기관		당좌거래은행	

보증료 환급계좌	※ 법인기업: 법인명의 계좌, 개인기업 등 : 대표자명의 사업용 계좌 은행명) 계좌번호) 예금주)

사이버영업점 가입사항	가입여부	☐ 여, ☐ 부	가입대행(기금)	☐ 여, ☐ 부

① **개요**

○ 기업체명, 대표자

상호 전부, 성명과 영문명을 함께 기재

○ E-mail

대표의 개인 이메일 주소를 기재

○ 사업장

사업장이 복수이면 사업장 규모가 큰 순서대로 기재

본사 여부, 우편물 수령 사업장 ☐ ⇒ ■ 표기

소유자 및 관계, 임차였으면 임차보증금(월세)을 기재

○ 실무자 연락처

대표자 또는 담당 직원을 기재

○ 상시근로자

사무직, 기술직, 기능직, 기타 구분하여 기재

"상시근로자라 함은 당해 기업에 계속하여 고용된 근로자 중 3개월 이내 기간을
정하여 고용된 근로자, 일용근로자 및 기업부설 연구소의 연구전담 요원을 제외한
자를 말함"이라 명시되어있으나 4대 보험에 가입된 직원이면 모두 기재할 것.

○ 생산방식

자사제조 100%(80~100), 외주가공: 0%(0~20)로 기재

○ 가공상황

월평균 22일

○ 주요제품(상품, 용역)

1. □□제품

2. ○○제품

3. △△제품(품목이 많을 경우 외)으로 기재

○ 용도 및 특성

각 주요제품의 용도 및 특징 기재

○ 기업형태

　해당하는 형태가 없으면 "등록(●)"에 표기

○ 관계기업

　해당하는 업체만 기재

○ 보증료환급계좌

　평가 신청 시 보증료를 미리 납부하여야 한다.

　현장평가를 진행하지 않으면 돌려주는 계좌로 통상 주거래은행

　을 기재한다.

2 연혁

연도	월	연 혁 (설립,증자,대표자·상호·업종 변경, 공장신축, 이전 등)		
		※ 회사 내부자료가 있을 경우 그 자료로 제출이 가능합니다.		

3 주요시설　　　　　　　　　　　　　　　　　　　　　　(단위:백만원)

종 별	수 량	장부가격	종 별	수 량	장부가격	비고(최근 도입시설 등)
			합 계			

2 **연혁**

　설립일, 상호변경일, 법인전환일, 자본금 증자한 경우 증자일, 회
사(공장) 이전일, 연구소설립일, 특허등록 및 출원일 등 해당 사항
기재할 것.

③ 주요시설

기계장치, 구축물, 장비 기구 등 1백만 원 이상 되는 시설명과 수량 및 장부가액 기재할 것.

대표자 등 및 경영진 현황

① 대표자 등 (1.대표자( ), 2.공동대표자( ), 3.실제경영자 등( ))

성 명			생년월일			자택전화	
현 주 소						휴대전화	
동업계 종사기간	년 개월		5년이내 상훈 (기업, 대표자)		회	자 격 증	
경영형태	창업( ) 2세승계( ) 인수( ) 전문경영인( )						
최종학력	년도 월		학교(대학원)	학과 (졸업, 수료, 중퇴)			
주요경력	기 간			근 무 처	근무처업종	담당업무	최종직위
	년 월 - 현 재						
	년 월 - 년 월						
	년 월 - 년 월						
	년 월 - 년 월						
거주주택	주소지				소유자(관계)		( )
	임차보증금(백만원)		※ 임차인 경우				

※ 공동 대표자, 실제 경영자 등이 추가로 있는 경우에는 위 표를 복사하여 추가로 작성

① **대표자 등**(1.대표자( ), 2.공동대표자( ), 3.실제 경영자 등( ))

1. 대표자(■ 또는 ● 또는 √ 로 표기)

○ 동업계 종사 기간

대표자의 경력으로 관련 업종 또는 유사업종에 종사한 총 기간

○ 5년 이내 상훈

국가, 지방자치단체, 공공단체로부터 5년 이내 표창장을 받은

횟수 기재

○ 주요경력

대표의 동종업 경력이 최소 3년은 필요하며 실무에선 5년 이상
이 필요하므로 관련 업종과 유사업종을 모두 기재할 것.
대표자의 동업계 종사 기간이 많을수록 유리하니 유사업종은
물론 타 업종도 연관 업종으로 어필할 필요가 있다. (허위 기재
는 주의)

2 경 영 진

직 위	성 명	담당업무	생년월일	실제경영자 또는 대표자와의 관계	근속 년수	최 종 학 교	주 요 경 력
			-				
			-				
			-				
			-				
			-				
			-				

3 주주현황 (※ 회사 내부자료가 있을 경우 그 자료로 제출이 가능합니다.)   (단위 : 백만원)

주 주 명	실제경영자 또는 대표자와의 관계	소유주식 금 액	점유비(%)	주 주 명	실제경영자 또는 대표자와의 관계	소유주식 금 액	점유비(%)
				계			

2 **경영진**

경영에 참여한 분을 기재하며 신용도가 낮은 분은 배제할 것.

3 **주주현황**

개인사업자 해당 없음

매출현황 및 영업현황

① 매출 현황 및 계획　　　　　　　　　　　　　　　　　　(단위:백만원)

제품, 상품　＼　기　간	전전년도 (실적) 년 월 ~ 년 월	전년도 (실적) 년 월 ~ 년 월	금년도 (예상) 년 월 ~ 년 월
※ 제품, 상품별 구분			
계(수출실적)	(　　천불)	(　　천불)	(　　천불)
반기별실적　상반기	(　　천불)	(　　천불)	(　　천불)
반기별실적　하반기	(　　천불)	(　　천불)	(　　천불)

① 매출 현황 및 계획

○ 제품, 상품

상품 제품의 구분은 page 133 "주요제품(상품, 용역):

1. □□제품

2. ○○제품

3. △△제품"으로 구분하여 기재할 것.

구분이 곤란한 경우, 제품매출, 상품매출, 용역매출 등으로 기재할 것.

금년도(예상) 매출액은 전년도(실적)보다 20% 이상 성장할 것으로 기재할 것.

② 최근 영업현황　　　　　　　　　　　　　　　　　　(단위:백만원)

매출 (수출) 실적	(　. 　. 　일 현재):		(수출 : 　　천불)	
수주 (L/C) 액	(　. 　. 　일 현재):		(L/C : 　　천불)	
부실채권 보유액	(　. 　. 　일 현재):			
가격동향	제품(상품,용역)	상승, 보합, 하락	원 재 료	상승, 보합, 하락
매출조건	현금　　%　/　외상　　%		매입조건	현금　　%　/　외상　　%
매출조건	결제기간 (　일 - 　일)		매입조건	결제기간 (　일 - 　일)

② 최근 영업 현황

○ 매출(수출)실적

연초부터 최근 월말까지의 매출액(계산서발급분과 발급예정인
매출액 모두 포함)

○ 가격 동향

(제품(상품, 용역)) 상승 (원재료) 상승

③ 주요 거래처

(단위:백만원)

구분	상 호	사업자등록번호	연간거래액	거래기간	구분	상 호	사업자등록번호	연간거래액	거래기간
매출처		- -		년	매입처		- -		년
				년			- -		년
				년			- -		년
		- -		년			- -		년
		- -		년			- -		년
	계		약 개 업체			계		약 개 업체	

③ 주요 거래처

○ 매출처, 매입처

전년도(올해 창업기업은 최근 월말) 기준으로 매출액 및 매입
액 상위 순으로 기재할 것. 약(총 거래처) 개 업체

④ 소요자금 및 조달계획

(단위:백만원)

운 전 자 금		※ 시설자금인 경우 시 설 자 금				조 달 계 획			
용 도	금 액	계획사업명				조달방법	기조달액	추가조달 확정액	추가조달 예정액
운영/생산자금 (재료비 등)		건설(설치)기간				자기자금			
기술개발비		주요시설명	수량	금액		금융차입			
창업비 (창업기업인경우)						(보증신청)			( )
기 타						기 타			
합 계		합 계				합 계			

④ 소요자금 및 조달계획

〈예시〉

운전자금		조달계획			
용도	금액	조달방법	기조달액	추가조달 확정액	추가조달 예정액
운영/생산자금 (재료비 등)	350	자기 자금	150		
기술개발비	200	금융차입			
창업비 (창업기업인 경우)		(보증신청)			(400)
기타		기타			
합계	550	합계	150		400

기 술 사 업 계 획

① 기술사업 개요

기술(사업)명					개발 방법	□단독 □공동
개발(예정)기간	년 월 ~ 년 월	개발소요자금	백만원	제품화여부		□여 □부
권 리 구 분	□특허권 □실용신안권 □디자인 □프로그램저작권 □기타 ( )		사업화 단 계	□ 양산(시장판매 · 사업화포함)단계 □ 양산(시장판매 · 사업화포함)준비단계 □ 제품화(상품화 · 제작포함)완료단계 □ 시제품(연구 · 개발 · 기획)단계		
권 리 상 태	□출원중 □등록					
등록(출원)번호						
권 리 자	성명	법인등록번호(생년월일)		관계		
발 명 자	성명	법인등록번호(생년월일)		관계		

① 기술사업 개요

○ 기술(사업)명: page 131 참조

○ 개발방법

　□ 단독 ⇒ ■ 단독

○ 개발(예정) 기간

　보증받은 이후부터 1년~2년의 기간

○ 개발소요 자금

 「4 소요자금 및 조달계획」의 기술개발비 예시) 200

○ 제품화 여부

 기술하는 제품이 제품화되었는지의 여부 □ 여 ■ 부

○ 권리 구분

 ■ 특허권 □ 실용신안권 □ 디자인 □ 프로그램저작권 □ 기타( )

 권리 구분의 해당 사항이 없으면 ■ 기타(제품(서비스)개발)로 기재

> 특허, 실용신안 등은 자금지원, 벤처기업확인 외 정부 지원사업 등에 거의 요구되고 있어 기술성 배점을 받기 위해 미리 확보해두면 유리하다.

○ 사업화 단계

 □ 양산(시장판매·사업화 포함) 단계

 □ 양산(시장판매·사업화 포함) 준비단계

 □ 제품화(상품화·제작 포함) 완료 단계

 ■ 시제품(연구·개발·기획) 단계

 해당하는 단계에 ■ 표기

○ 권리상태, 등록(출원)번호, 권리자, 발명자

 특허등록 또는 출원의 경우에 기재할 것.

② 기술(제품)의 내용

주요 기술내용	(제품의 특성 및 핵심기술, 기술개발내용 및 과정 등)
	※ 간략하게 작성하시기 바랍니다. ※ 기술의 내용에 대한 귀사의 내부자료를 주시면 유용하게 활용하도록 하겠습니다.
기술(품질) 및 기술경쟁력	(국내 경쟁사 제품 및 국외 경쟁사 제품과의 품질, 기술, 가격 비교 등)
생산추진계획	(개발완료 및 제품화시기, 설비도입, 양산착수, 판매 등의 계획)

② 기술(제품)의 내용

입력할 공간이 너무 부족하면 공간을 추가하여 작성하면 되며, 혹여 익숙하지 않은 분을 위해 간단한 TIP은 page 126 참조

○ 주요기술내용(제품의 특성 및 핵심기술, 기술개발내용 및 과정 등)

　제품의 특성 및 핵심기술, 기술개발내용 및 과정 등으로 목차를 구분하여 작성하면 된다.

- 제품의 특성 및 핵심기술

- 기술개발내용 및 과정 등

관련되는 국내·외 기술개발 현황, 문제점 및 전망 등을 기술할 것.

○ 기술(품질) 및 기술경쟁력(국내 경쟁사 제품 및 국외 경쟁사 제품과
의 품질, 기술, 가격 비교 등)

회사가 영위하는 사업의 인사말 또는 경영이념, 국내·외 시장
규모 및 특징 현황, 국내·외 경쟁업체 현황, 당사의 기술경쟁
력 등으로 목차를 구분하여 작성하면 된다.

- 회사가 영위하는 사업의 인사말 또는 경영이념

기업이 영위하는 산업의 소개와 경영이념 등을 기술한다.

〈TIP〉

인사말 또는 경영이념 등이 준비되어 있지 않다면 타사 홈페이지 또는 기업 소개를
참조하여 작성하거나 또한 전자공시시스템(http://dart.fss.or.kr) DAT에서 영위하는
사업과 관련된 코스피, 코스닥 기업을 검색하면 분기보고서, 반기보고서 또는 사업보
고서를 볼 수 있으며 그 내용 중 "사업의 내용"을 참조하면 산업의 개요, 산업의 특
징, 판매전략 등이 기술되어 있으니 이를 참조하면 작성에 도움이 된다.

- 국내·외 시장규모 및 특징 현황

동 산업의 국내·외 시장규모 및 특징 현황, 경쟁 현황과 문제
점 및 전망 등을 기술할 것.

구글(국내 포털은 정보 부족)에서 검색하면 다양한 정보를 얻을 수 있어 이를 참
조하여 작성하면 도움이 된다.
또는 전자공시시스템(http://dart.fss.or.kr) DAT에서 영위하는 사업과 관련된 코스
피, 코스닥 기업의 분기보고서 또는 반기보고서의 "사업의 내용"을 참조하면 도움
이 된다.

- 국내·외 경쟁업체 현황

국내와 국외 경쟁사가 있으면 국내·외 경쟁사를 구분하여 기술할 것.

국외 경쟁사 파악이 곤란한 경우 국내 경쟁사 현황만 기술할 것.

당사의 매출은 국내 매출이 대부분으로 주요경쟁사는 국내 경쟁사
이다.

〈예시〉 경쟁사 현황

회사명	주요제품	특징
(주)예시산업	상수도관, 하수도관 빗물저장시설	2001년 설립(업력 19년) 매출액 24,935백만 원, 벤처기업, 이노비즈기업, ISO9001, 특허등록 2건 등
· · ·	· · ·	· · ·

(경쟁 업체명, 주요제품, 매출액, 시장점유율, 생산능력, 인증, 특허 등 현황을 파악하여
표로 작성)

- 당사의 기술경쟁력

당사의 기술경쟁력의 우위를 구체적으로 기술할 것.

제조원가 및 주요 경쟁제품과의 가격 비교 등의 우위를 기술할 것.

○ 생산추진계획(개발 완료 및 제품화 시기, 설비도입, 양산착수, 판매 등의 계획)

개발계획 및 제품화 단계, 목표 또는 판매전략 등으로 목차를
구분하여 작성하면 된다.

– 개발계획 및 제품화 단계

〈예시〉

일련 번호	개발내용	추진일정(월)											
		1	2	3	4	5	6	7	8	9	10	11	12
1	시제품 양산	█											
2	제품 테스트		█	█									
4	제품 피드백 보완			█	█								
5	판매 출시					█	█	█	█	█	█	█	█
6	제품 홍보		█	█	█	█	█	█	█	█	█	█	█
7	시장 확장									█	█	█	█

- 목표 또는 판매전략

〈예시〉 판매전략

구분	1단계(또는 국내전략)	2단계(또는 수출전략)
목표 시장	- 전국 거래처 추가 확보	- 미국, 유럽 - 중국, 동남아 등
영업 방향	- 기 거래처 관리/신규 거래처 발굴 - 온·오프라인 직접 영업 - 고객사 및 제휴사 간접 영업	- 관련 업체 직접 영업 - 제휴영업체계 구축
추진 전략	- 기존 영업망 활용 - 맞춤형 판매전략 - 브랜드 마케팅 전략	- 해외 거래처 확보 - 자체 영업선 확보 - 해외업체와 제휴
과제	- 지역별 거래처의 요구 조사 분석 - 홍보/광고 및 프로모션 방안 - 수익 지향적 다변화 과제 - 원재료 수급 물류/유통 구축 방안	- 해외시장별 파트너 발굴 개발방법 - 해외 진출 관련 조직/전문인력 구축 - 진출 조건 및 확장 방안 - 세계 시장 진출 교두보 확보

또는, 신청 "기술(제품)"을 위주로 장단기 판매전략을 기술할 것.

③ 도입 또는 개발 희망기술

도입 또는 개발 기술명		기술 개 요
개 발 목 적	☐신제품개발 ☐원가절감 ☐ 품질향상 ☐기타 (　　　　　　)	
개 발 방 법	☐직접개발 ☐용역의뢰 ☐기술이전(매수) ☐기업인수합병 ☐기타 (　　　　　　)	

③ 도입 또는 개발 희망기술

○ 도입 또는 개발기술명

기술(사업)명과 연관된 향후 품질향상, 제품개발 등이 필요할
것으로 판단되는 구체적 기술명을 간략히 기재할 것.

○ 기술개요

"도입 또는 개발기술명"의 구체적 기술에 관한 내용을 기재할 것.

○ 개발목적

　☐ 품질향상 ⇒ ■ 품질향상

○ 개발방법

　☐ 직접개발 ⇒ ■ 직접개발

④ 연구개발 책임자

성 명			(영문 :)	생년월일	
학력	부 터	까 지	학 교 명		전 공 분 야
주요	부 터	까 지	근 무 처		최 종 직 책
경력					
	보유 자격증 및 수상경력 등				

④ 연구개발 책임자

대표자 또는 연구소장(연구원) 등

⑤ 기술추진 현황

기술개발 환경	☐ 공인된 기업부설연구소 ( ) ☐ 연구개발전담부서 보유 ( ) ☐ 기술인력만 확보 ( ) ☐ 연구설비 및 기술인력 없음 ( )					
기술인력 현황	직위	성 명	생년월일	최종학력(전공)	주요 경력(동업종 경력)	
기술개발 및 관련실적 (3년 이내)	☐ 기술상용화 실적 ( )건 ☐ 기술개발실적 ( )건 ☐ 수상실적 ( )건 ☐ 인증실적 ( )건					
개발과제 및 내용		개발기간	개발비용	매출규모	취득권리/인증	비 고 (개발자 등)
지식재산권 현황	특허			실용신안		
	☐ 등록 ( )건 ☐ 출원 ( )건			☐ 등록 ( )건 ☐ 출원 ( )건		
	☐ 디자인등록 ( )건 ☐ 프로그램등록 ( )건					
	☐ 상표권등록 ( )건 ☐ 기타( ) ( )건					
기술 혁신	☐ 기술인력 대상 인센티브시스템(직무발명보상관리, 우리사주, 스톡옵션 등)이 있다.(Y / N) ☐ 최근 1년이내 기술담당임원, 핵심기술인력의 퇴직사실이 없다.(Y / N) ☐ 최근 3년간 정부 R&D과제를 수행하여 성공판정을 받았다.(Y / N)					
시장 친화	☐ 목표시장의 규모 및 수요예측자료를 확보하고 있다. (Y / N) ☐ 경쟁업체 분석자료를 확보하고 있다. (Y / N) ☐ 마케팅 전담팀 및 전담인력을 확보하고 있다. (Y / N)					
기 타	☐ 기술사업내용을 설명하기 위해 IR자료를 제작·보유하고 있다. (Y / N) ☐ 개발기술의 제품화를 위해 인력의 충원 또는 시설의 보강이 필요하다. (Y / N)					

※ 사업장 약도 : 사업장 약도가 있을 경우 별지에 추가하여 주시기 바랍니다.

5 기술추진 현황

○ 기술개발환경

해당 사항에 ■ 표기, "연구설비 및 기술인력 없음"의 경우 벤처 기업확인 및 보증 평가가 부적합하다.

○ 기술인력 현황

"공인된 기업부설연구소( )" 보유기업은 연구소 인력을 "연구 개발전담부서 보유( )" 기업과 "기술인력만 확보( )" 기업은 대표자를 포함한 전담부서 연구원과 기술인력을 포함하여 기재할 것. 주요경력(동업종 경력)은 "동종업 00년 경력"으로 기재할 것.

『기업부설연구소는 자금지원, 벤처기업확인 외 정부 지원사업 등에 거의 요구되고 있어 기술성 배점을 받기 위해 미리 확보해두면 유리하다.
연구 인력의 부족으로 기업부설연구소의 설립신고가 곤란한 경우 인적요건을 갖춘 1명으로 연구개발전담부서라도 설립 신고하길 권장한다.』

○ 기술개발 및 관련 실적(3년 이내)

3년 이내 기술상용화실적, 기술개발실적, 수상실적, 인증실적의 건수를 기재

○ 개발과제 및 내용

"기술개발 및 관련 실적"의 명칭과 해당란을 기재한다.

※ 빈칸으로 넘어가지 말고 기재하도록 할 것.

실적이 없으면 기존 납품하는 제품이 일부 수정되거나 개선된 제품(서비스)의 구체적 제품(서비스)명칭과 매출 규모를 기재하면 된다.

○ 지식재산권 현황

특허, 실용신안, 디자인등록, 상표권등록, 프로그램등록, 기타( ) 해당 사항 기재

> 프로그램등록(software 개발공급 업체) 및 저작권(지식서비스 업체)은 한국저작권 위원회(https://www.cros.or.kr)에 등록하면 며칠 이내에 받을 수 있다.
> KS 인증, ISO 인증, 면허 및 인허가, 저작권, 산업규격, 공업규격 등은 기타( ) 건 수에 기재하고 상기 지식재산권 등을 보유하지 못한 기업은 시험인증, 성적서, 시험서 등이라도 기타( ) 건수에 기재한다.
> 특허, 실용신안 등은 자금지원, 벤처기업확인 외 정부 지원사업 등에 거의 요구되는 항목으로 기술성 배점을 받기 위해 미리 확보해두면 유리하다.

○ 기술혁신

☐ 기술인력 대상 인센티브 시스템(직무발명 보상관리, 우리사주, 스톡옵션 등)이 있다. (Y) N삭제

☐ 최근 1년 이내 기술담당 임원, 핵심기술인력의 퇴직사실이 없다. (Y) N삭제

☐ 최근 3년간 정부 R&D 과제를 수행하여 성공판정을 받았다. (Y 또는 N)

○ 시장 친화(N 삭제하고 Y만 표기)

　　□ 목표시장의 규모 및 수요예측자료를 확보하고 있다. (Y) N삭제

　　□ 경쟁업체 분석 자료를 확보하고 있다. (Y) N삭제

　　□ 마케팅 전담팀 및 전담인력을 확보하고 있다. (Y) N삭제

○ 기타(N 삭제하고 Y만 표기)

　　□ 기술사업내용을 설명하기 위해 IR 자료를 제작·보유하고
　　있다. (Y) N삭제

　　□ 개발기술의 제품화를 위해 인력의 충원 또는 시설의 보강이
　　필요하다. (Y) N삭제

다음 장(별지)은 건설업에 해당하면 기재하며, 건설업이 아닌 업체는 삭제하고 제출할 것.

2. 중소벤처기업진흥공단의 자금활용계획서(창업기업 자금신청서)

자금신청과 벤처기업확인을 함께 신청하는 경우 벤처인에 이 자금활용계획서를 첨부하면 되며, 자금신청 이후 벤처기업확인을 별도로 신청할 경우 page 165 "3. 벤처인의 벤처기업 평가를 위한 기술사업계획서"를 첨부해야 한다.

중소기업 기업진단 및 정책자금 융자신청서

				현장조사 희망기간 2019. . ~ 2019. .

기업현황	기 업 명	한글 : 영문 :	대 표 자	한글 : 영문 :
	설립일자	년 월 일	생년월일	년 월 일
	사업자등록번호	(본사)	법인등록번호	

신청내용	구 분	세 부 신 청 내 용 (해당란에 ☑표시)
	융자신청금액	☐ 시설 : 백만원 ☐ 투자 : 백만원 ☐ 운전 : 백만원
	담보종류	☐ 신용 ☐ 보증서 ☐ 부동산 ☐ 기 타 * 보증기관 : 기금(재단) 지점 [☎ :]
	융자기관	☐ 중진공 직접대출 ( )☐은행 ( )지점 [☎ :]
	고정금리	☐ 해당(융자공고에서 정한 사업의 직접대출시만 선택가능) ☐ 해당없음

고용창출기업 우대지원	· 고용창출기업 : 대출월로부터 3개월 이내(대출월 포함) 1인 이상 고용실적이 있는 기업 · 대출 이후 '고용창출기업' 여부를 확인하며, 해당 시에 고용유지에 대한 사후관리를 실시하여 금리우대를 확정함(1년간 한시적용, 업체당 한도 50백만원) · 시설자금지원기업은 3개월 이내 추가고용이 없었던 기업 중 6개월 시점에서 추가고용 실적 자료 제출시 고용실적 인정 가능 · 고정금리 및 금리우대 자금은 적용제외

국세청 홈택스 자료 발급번호(※ 발급방법에 ☑요망) - 발급방법[☐주민등록번호활용, ☐사업자등록번호 활용(☐본사, ☐지점)]

○ 최근 1년간 부가가치세과세표준증명원										
○ 최근 3개년 재무제표(기제출 회사는 제출 생략)										
- 20 년 표준재무제표 증명원										
- 20 년 표준재무제표 증명원										
- 20 년 표준재무제표 증명원										

* 신청기업에서 국세청 홈택스서비스(www.hometax.go.kr)에 2부이상 신청한 후 발급번호를 작성하시면 중진공이 직접 발급 · 홈택스 발급서류를 직접 중진공에 제출하는 경우 발급번호 기재 생략 가능

상기와 같이 중소기업 기업진단 및 중소벤처기업부 소관 중소기업 정책자금 융자를 신청하며, 기재내용이 사실과 다름이 없음을 확인합니다.

2019년 월 일

신청인(대표) (인)

* 신청일, 신청인(대표), 윤리준수약속(첨부)의 날인(도장)은 사전상담 후 자금 신청 시 직접 날짜 기재 및 날인

중소벤처기업진흥공단이사장 귀하

『양식의 항목 중 언급이 불필요한 항목은 생략하였음』

○ 융자신청금액

　□ 운전 ⇒ ☑ 운전: 100백만 원

○ 담보종류

　□ 신용 ⇒ ☑ 신용

○ 융자기관

　□ 중진공 직접대출 ⇒ ☑ 중진공 직접대출

○ 국세청 홈택스 자료 발급번호

- **발급방법**[□ 주민등록번호 활용, □ 사업자등록번호 활용(□ 본사, □ 지점)] ⇒ 각각 ☑로 표기

홈택스(www.hometax.go.kr)에서 부가가치세 과세표준증명원, 표준재무제표 증명원을 각 2부 이상 신청한 후 필요시 1부만 출력하여 □□□□-□□□-□□□□-□□□에 발급번호를 기재한다.

발급번호	부가가치세과세표준증명 (과 · 면세겸영사업자 포함)		처리기간	
1111-011-1111-111			즉　시	
성　　명(대표자)		주민(법인)등록번호		
상　　호(법인명)		사업자등록번호		
업　　　태		종　　　목		
사　업　장				
				(단위:원)
과 세 기 간		매출과세표준(수입금액)		납부할 세액

기업현황 및 사업계획서

I. 기업상세현황

□ 개 요

<table>
<tr><td rowspan="6">연
락
처</td><td rowspan="2">회사</td><td colspan="4">전 화:( ) -   E-mail:</td></tr>
<tr><td colspan="4">팩 스:( ) -   홈페이지:</td></tr>
<tr><td rowspan="2">대표자</td><td colspan="4">전 화:( ) -   자택:( ) -
휴대폰:( ) -   E-mail:</td></tr>
<tr><td colspan="4">※ 자금신청 처리결과 등을 휴대폰 문자메시지(SMS)로 (□수신, □수신거부)하겠습니다.</td></tr>
<tr><td rowspan="2">담당자</td><td colspan="4">성명: 직위: 전 화:( ) -
휴대폰:( ) -   E-mail:</td></tr>
</table>

소 재 지	본사	주소 : (우)[ ]			
	지사	사업자등록번호 : 주소 : (우)[ ]			
	공장	사업자등록번호 : 주소 : (우)[ ]			

	면 적	대지: m' 용도지역 (전용공업, 공업, 준공업, 상업, 주거)지역, 기타지역( )
		공장: m' 소 유 □ 자가, □ 임차(소유자:)

주생산품목	한글: 영문: HS 코드 :	종업원수	합계 명 사무직 명 기술직 명 기능직 명 기타 명
가동상황	월평균( )일, 1일평균( )시간	주거래은행	은행 지점
생산방식	자사제조( )%, 외주가공( )%	주문생산( )%, 시장생산( )%	
자산총액	백만원	부채총액	백만원
자본총액	백만원	자 본 금	백만원

* HS코드는 알고 있는 경우만 기재(선택)

□ 개요

○ 공장

면적, 용도지역은 "정부 24"에서 건축물대장을 열람하면 확인
할 수 있다.

○ 주생산품목

한글과 영문으로 기재(HS코드는 수출품목에 한함)

○ 종업원 수

사무직, 기술직, 기능직, 기타로 구분하여 기재할 것.

○ 가동상황

월평균(22)일, 1일 평균(8)시간

○ 생산방식

자사제조 (100)%, 외주가공 (0)%

자사제조 80~100%, 외주가공: 0~20%로 기재할 것.

□ 회사연혁(별지사용 가능)

년 월	주 요 내 용 (설립, 상호/대표자변경, 법인전환, 자본증자, 사업장/공장이전 등 주요사항 기재)

□ 경영진 (2019년   월   일 현재)

직 위	성 명	생년월일	경영실권자 와의 관계	최종학력	주요경력

✳ 최종학력은 희망에 따라 기재 또는 생략 가능

- 2 -

□ 회사 연혁

설립일, 상호변경, 대표변경, 법인전환, 자본금 증자한 경우 증자

정부지원금 받는 법

일, 회사(공장) 이전, 인증등록, 연구소설립, 특허등록 및 출원일, 협력사 등록 등 해당 사항 기재할 것.

□ 경영진

경영에 참여한 분을 기재하며 신용도가 낮은 분은 배제할 것

□ 대표자 경력

		졸업연월	학교	학과(전공,계열)	졸업	수료	중퇴
대 표 자	최종 학력						
	주요경력	기 간	근 무 처	근무처 업종	최종직위(담당업무)		
	자격사항	취득연월일	종류		발행기관		
	거주주택	소재지			소유자 (관계)	( )	
		대 m², 건 m² 임차관세	전세 백만원, 월세 천원				
		설정관계등		기타소유자산			
동업종종사기간		년 개월 취 비			상 훈		
경영실권자 성명				대표자와의 관계			

* 실질경영자와 대표자가 상이할 경우 별지로 실질경영자 이력도 작성·제출
* 학력사항, 상훈은 희망에 따라 기재 또는 생략 가능

□ 대표자 경력

○ 주요경력

대표자의 동종업 경력이 최소 3년은 필요하며 실무에선 5년 이상이 필요하므로 관련 업종과 유사업종을 모두 기재할 것.

대표자의 동업계 종사 기간이 많을수록 유리하니 유사업종은 물론 타 업종도 연관업종으로 어필할 필요가 있다. (허위 기재는 주의)

○ 동종업 종사 기간

대표자의 경력으로 관련 업종 또는 유사업종에 종사한 총 기간을 기재할 것.

□ **주주상황**(법인기업에 한해 작성)　　　　　　　(2019년 　월 　일 현재)

주주명	경영실권자와의 관계	소유주식금액(백만원)	비율	주주명	경영실권자와의 관계	소유주식금액(백만원)	비율

* 민간 창업투자회사(창업투자조합 포함)가 투자한 기업은 '성장공유형 대출' 신청 불가

□ **관계(관련)회사**(자회사 또는 계열기업 등 지분출자관계에 있는 회사를 모두 기재)

업체명(대표자)	사업자등록번호	사업개시일	소재지	주생산품	소유지분

□ **주주 상황**

개인사업자 해당 없음

□ **관계(관련)회사**

해당하는 업체만 기재

해당 항목	관련 내용
기술개발실적(최근 3년내)	
규격표시 획득	
산업 및 지적재산권 등록	
주요 보유시설 현황	
기타	

* 현장 조사시 관련 자료 확인

□ 기타 -가능하면 기재할 것

○ 기술개발실적(최근 3년 내)

3년 이내 개발실적을 기재할 것.

개발실적이 없으면 기존 납품하는 제품이 일부 수정되거나 개선된 제품(서비스)의 명칭을 구체적 제품(서비스)명으로 기재하면 된다.

○ 규격표시 획득

KS 인증, ISO 인증, 면허 및 인허가, 산업규격, 공업규격 등

○ 산업 및 지식재산권 등록

특허, 실용신안, 디자인, 상표, 프로그램등록, 저작권 등

프로그램등록(software 개발공급 업체) 및 저작권(지식서비스 업체)은 한국저작권위원회(https://www.cros.or.kr)에 등록하면 며칠 이내에 받을 수 있다.
특허, 실용신안 등은 자금지원, 벤처기업확인 외 정부 지원사업 등에 거의 요구되는 항목으로 기술성 배점을 받기 위해 미리 확보해두면 유리하다.

○ 주요 보유시설 현황

기업의 주요시설(기계장치, 기구 등)

○ 기타

그 외 어필할 시험인증, 성적서, 시험서 등도 기재할 것.

□ 매출 및 직원 현황

구 분		최근 3개년 실적 및 향후계획 (단위: 백만원, 명)						
		20 년	20 년	20 년	20 년		20 년	20 년
					( )월 현재	년간		
매출	총매출액							
	수출액*							
직원	총인원							
	기술/생산직							

* 수출유형 : □직접수출 □로컬수출 *주요 수출품목(　　　　　) *주요 수출국(　　　　　)
- 매출세부내용(매출처는 최근1년내 거래비중 기준으로 30%이상 기재, 필요시 별지 작성)

구분		업체명 (연락처 tel)	거래품목 (상품 및 서비스)	사업자 등록번호	거래비중 (%)	연간 거래액 (백만원)	거래기간	결제조건	
								외상결제 비율(%)	외상결제 기간(일)
매출처	고정 거래처						개월		
							개월		
							개월		
	기타						개월		
매입처	고정 거래처						개월		
							개월		
	기타						개월		

* 확보된 매출처가 없는 경우에는 매출계획을 별도 수립하여 별지 작성 첨부

□ 매출 및 직원 현황

최근 3개년 실적과 당해 연도 실적을 기재하고 향후 2개년 계
획은 20% 이상 성장할 것으로 기재할 것.

○ - 매출 세부내용

매출처는 최근 1년 내 거래 비중 30% 이상 업체를 기재하되,
30%에 미달하면 비중이 높은 순으로 기재할 것.

제품용도 및 특성 (상품 및 서비스 주요내용)	
제품생산공정도	*주제품에 대해 기재하며, 비제조업의 경우 서비스 흐름도를 작성
시 장 상 황 (시장규모, 주요 수요처, 경쟁업체 현황 등)	
기술품질경쟁력 (국내외 경쟁사 제품과 기술, 품질, 가격 비교)	
수요전망 및 판매계획	

* 필요시 항목별 별지 사용하여 작성

□ 주요 생산제품(상품 및 서비스) 개요

입력할 공간이 너무 부족하면 공간을 추가하여 작성하면 되며, 혹여 익숙하지 않은 분을 위해 간단한 TIP은 page 126<◎ TIP (한글 사용자) 참조>

○ 제품용도 및 특성(상품 및 서비스 주요 내용)

회사가 영위하는 사업의 인사말 또는 경영이념, 제품용도 및 특성 등으로 목차를 구분하여 작성하면 된다.

– 회사가 영위하는 사업의 인사말 또는 경영이념

기업이 영위하는 산업의 소개와 경영이념 등을 기술한다.

인사말 또는 경영이념 등이 준비되어 있지 않다면 타사 홈페이지 또는 기업 소개를 참조하여 작성하거나 또한 전자공시시스템(http://dart.fss.or.kr) DAT에 영위하는 사업과 관련된 코스피, 코스닥 기업을 검색하면 분기보고서, 반기보고서 또는 사업보고서를 볼 수 있으며 그 내용 중 "사업의 내용"을 참조하면 산업의 개요, 산업의 특징, 판매전략 등이 기술되어 있으니 이를 참조하면 작성에 도움이 된다.

– 제품용도 및 특성

공급하는 제품(서비스)의 공정 사진들을 첨부하고 공정별 기술 및 핵심공정의 주기능 등에 관한 특징 사항을 기술할 것.

공급하는 제품(서비스) 사진들을 첨부하고 주요 제품(서비스)의 용도, 사양, 주기능, 성능 등에 관한 특징을 기술할 것.

○ 제품생산 공정도

제품(서비스)의 각 공정 순서와 순서별 간략한 설명을 기술할 것. 또는 각 공정 순서의 단계별 사진을 첨부한 흐름 순서로 작성하면 된다.

○ 시장 상황(시장규모, 주요 수요처, 경쟁업체 현황 등)

동 산업의 국내·외 시장규모 및 특징 현황, 경쟁 현황과 문제점 및 전망 등으로 목차를 구분하여 가능한 범위 내에서 기술하면 된다.

○ 기술품질경쟁력(국내외 경쟁사 제품과 기술, 품질, 가격 비교)

　국내·외 경쟁사 현황, 당사의 경쟁력 등으로 목차를 구분하여 가능한 범위 내에서 기술하면 된다.

- 국내·외 경쟁사 현황

　국내와 국외 경쟁사가 있으면 국내·외 경쟁사를 구분하여 기술할 것.

　국외 경쟁사 파악이 곤란한 경우 국내 경쟁사 현황만 기술할 것.

<예시>

당사의 매출은 국내 매출이 대부분으로 주요경쟁사는 국내 경쟁사이다.

경쟁사 현황

회사명	주요제품	특징
(주)예시산업	상수도관, 하수도관 빗물저장시설	2001년 설립(업력 19년) 매출액 24,935백만 원, 벤처기업, 이노비즈기업, ISO9001, 특허등록 2건 등
· · ·	· · ·	· · ·

(경쟁 업체명, 주요제품, 매출액, 시장점유율, 생산능력, 인증, 특허 등 현황)

– 당사의 경쟁력

당사의 기술경쟁력의 우위를 구체적으로 기술할 것.

제조원가 및 주요 경쟁제품과의 가격 비교 등의 우위를 기술할 것.

○ 수요전망 및 판매계획

수요전망, 판매(전략)계획 등으로 목차를 구분하여 가능한 범위 내에서 기술하면 된다.

– 수요전망

제품(서비스)의 기술개발로 인한 차별화된 경쟁력으로 인한 거래처 확장전망, 시설확장으로 공급량 증가와 가격경쟁력 우위로 인한 매출 신장 전망, 인력충원 전망 등으로 기술하면 된다.

– 판매전략

〈예시〉

구분	1단계(또는 국내전략)	2단계(또는 수출전략)
목표 시장	-전국 거래처 추가 확보	-미국, 유럽 -중국, 동남아 등
영업 방향	-기 거래처 관리/신규 거래처 발굴 -온·오프라인 직접 영업 -고객사 및 제휴사 간접 영업	-관련 업체 직접 영업 -제휴영업체계 구축
추진 전략	-기존 영업망 활용 -맞춤형 판매전략 -브랜드 마케팅 전략	-해외 거래처 확보 -자체 영업선 확보 -해외업체와 제휴
과제	-지역별 거래처의 요구 조사 분석 -홍보/광고 및 프로모션 방안 -수익 지향적 다변화 과제 -원재료 수급 물류/유통 구축 방안	-해외시장별 파트너 발굴 개발방법 -해외 진출 관련 조직/전문인력 구축 -진출 조건 및 확장 방안 -세계 시장 진출 교두보 확보

또는, 신청 "기술(제품)"을 위주로 장단기 판매전략을 기술할 것.

Ⅱ. **사업계획** (자금활용 계획 및 기대효과)

□ **사업내용(추진기간 : 2019년 월~ 년 월)**

사업내용 및 목적, 효과 등	

※ 자금(투자)신청 주요 내용 및 목적(개발기술사업화자금은 사업화내용)을 기술하고, 별도로 작성한
   사업계획서가 있는 경우에는 대체 가능
※ 효과는 정책자금을 활용한 설비투자(또는 대체, 증설 등) 및 운전자금 지원 후, 생산공정의
   개선, 생산성향상, 원가절감 및 불량감소 등에 대해 금액 또는 비율을 사용하여 기재
   (향후 2~3년의 사업계획 등)

Ⅱ. 사업계획 (자금 활용 계획 및 기대효과)

□ 사업내용 (추진 기간 : 2019년 월~ 년 월)

○ 사업내용 및 목적, 효과 등

신청자금을 활용한 향후 추진(기술개발, 시설투자 등)계획을 기술할 것.

추진계획에 의한 효과로 생산 공정 단축, 생산량 증가, 원가절감으로 가격경쟁력 우위, 불량률 감소 등에 관하여 기술할 것.

매출 신장에 의한 기술인력 및 생산인력 수급 계획을 기술할 것.

<시설 및 투자자금> (단위 : 백만원)

시 설 명		규 격	수 량	단 가	소요금액 (VAT제외)	제작사/매도자 (국산/외산)	비 고 (착공예정일)
소 요 내 역	토지 구입*						
	지식재산권 매입*						
	총소요금액						
조 달 계 획	중진공 차입금						
	자체자금						
	은행자금등 기타						
시설 설치장소							

※ 시설자금의 경우 시설자금 신청기업 특약사항 확약서 작성 필수
　- 토지구입비 대출일로부터 6개월이내 사업장 건축 미착공시 해당 대출금 조기 상환
　- 정책자금 지원 시설물의 전부임대, 부분임대, 장기간 방치 등 목적외 사용시 대출금 조기
　　상환, 약정해지, 향후 3년간 정책자금 신청 제한 및 지원예정금액에 대한 대출 금지 등 제재
※ 지식재산권 매입 등 투자자금 신청기업은 별지의 「투자자금 신청기업 사업계획서」 작성

<운전자금> (단위 : 백만원)

구 분		내 역	금 액
소 요 내 역	원부자재 구입비		
	생산비 및 부대 비용		
	판로 및 시장개척비		
	인건비		
	기타(내용기재)		
	총 소요금액		
조 달 계 획	중진공 차입금		
	자체자금		
	은행자금등 기타		

※ 지원사업 종류에 따라 운전자금의 일부는 조정 또는 융자대상에서 제외될 수 있음
※ 개발기술사업화 자금의 융자범위는 개발된 기술의 사업화에 소요되는 자금(개발기술제품
　양산 관련 원부자재 구매, 생산 및 시장개척 비용 등)에 한하며, 융자금액은 해당 제품의
　융자 후 1차년도 추정매출액 또는 해당제품의 연간 매출액을 기준으로 산정

<시설 및 투자자금> 또는 <운전자금>의 해당 신청자금의
소요내역에만 기재

3. 벤처인의 벤처기업 평가를 위한 기술사업계획서

기술보증기금의 보증 이후 일정 기간 경과 후 벤처기업확인 신청하는 경우, 중소벤처기업진흥공단의 대출 이후 일정 기간 경과 후 벤처기업확인 신청하는 경우, 연구개발기업 유형 또는 벤처기업확인을 연장하는 경우에 이 기술사업계획서를 첨부하여야 한다.

『양식의 항목 중 언급이 불필요한 항목은 생략하였음』

I. 기업 현황

1. 대표자(예비창업자) 인적사항

성 명				생년월일(남/여)			(남/여)
주 소				전화번호			
최종학력	졸업년도	학 교 명	전 공	수학상태 (졸업,수료,중퇴)		비 고 (취득학위 등)	
경 력	근 무 기 간		근 무 처			담당업무 (최종직위)	
			근무처명		전화번호		
	~						
	~						
	~						
기타특기사항 (자격증,상벌, 연수,대외활동 사항)							
연구개발 및 사업화실적	개발과제명 및 내용		근무처	개발기간	사업규모 (소요자금)	비고 (사업화 현황 등)	

※ 대표자가 수인인 경우이거나 대표자외에 경영실권자가 있는 경우에는 별지로 추가 작성요망

Ⅰ. 기업 현황

1. 대표자(예비창업자) 인적사항

○ 경력

대표의 동종업 경력이 최소 3년은 필요하며 실무에선 5년 이상
이 필요하므로 관련 업종과 유사업종을 모두 기재할 것.
대표자의 동업계 종사 기간이 많을수록 유리하니 유사업종은
물론 타 업종도 연관업종으로 어필할 필요가 있다. (허위 기재
는 주의)

○ 기타 특기 사항

자격증, 상벌, 연수경력, 관련 협회·단체 활동, 봉사단체 활동
등의 사항을 기재할 것.

○ 연구개발 및 사업화 실적

3년 이내의 실적을 개발 과제명 및 내용, 근무처, 개발 기간, 사
업 규모(소요자금), 비고(사업화 현황 등)의 해당란에 기재할 것.

※ 빈칸으로 넘어가지 말고 기재하도록 할 것.
실적이 없으면 기존 납품하는 제품이 일부 수정되거나 개선된
제품(서비스)의 명칭을 구체적 제품(서비스)명과 사업 규모(소
요자금), 비고(사업화 현황 등)의 해당란에 기재하면 된다.

2. 기업체 현황

□ (창업)회사 개요

업 체 명			대 표 자		
설 립 일 자			상시 근로자수		명
법인등록번호			사업자등록번호		
	소 재 지			전화번호	소유여부
본 사					자가,임차
사 업 장					자가,임차
					자가,임차
업 종			주 제 품		
관계회사			자 본 금 (납입자본금)		백만원
공업소유권, 규격표시허가, 기술제휴 등					
연혁	년 월	주요내용(자본증감, 대표자변경, 상호변경 및 주요경영내용 변경 등)			

※ 본사 및 사업장 약도 별치 첨부

2. 기업체 현황

□ (창업) 회사 개요

○ 공업소유권, 규격표시허가, 기술제휴 등

표준규격, 산업규격, 공업규격, 기술제휴, 면허 및 인허가 등 그
외 어필할 시험인증, 성적서, 시험서 등도 기재한다.

(KS, KC, Q, CE, ISO, GMP 등)

○ 연혁

설립일, 상호변경, 대표변경, 법인전환, 자본금 증자한 경우 증
자일, 회사(공장) 이전, 인증등록, 연구소설립, 특허등록 및 출
원일, 협력사 등록 등 기재할 것.

□ (창업)경영진 및 주요주주 현황   (단위 : 백만원)

구분	직 위	성 명	생년월일(남/여)	대표자 관계	소유주식 (금액)
경영진					
주 주					
합 계					

※ 소유 주식은 법인기업에 한하여 작성

□ 대표자(예비창업자)의 경영철학 및 경영목표

※ 창업동기, 향후 회사발전계획, 인사/조직관리 및 거래처 선정중시 사항등을 기술

□ (창업) 경영진 및 주요주주 현황

○ 경영진

경영에 참여한 분을 기재하며 신용도가 낮은 분은 배제할 것

○ 주주

개인사업자 해당 없음

□ 대표자(예비창업자)의 경영철학 및 경영목표

현재 동 산업의 문제점, 정부 정책 방향, 산업(국민)의 요구사항
을 기술함과 이러한 문제점의 개선 또는 요구사항에 부합하기
위한 창업 동기를 기술하고 당사의 제품(서비스)이 우수한 경
쟁력으로 시장을 선도할 가능성 및 경영 이념을 기술한다.

□ 금융거래 현황(200 . . . 현재)   (단위 : 백만원)

대출기관	운전/시설	대출금액	대출금리	대출기한	담보제공 내용 등
합 계					

□ 재무상항   (단위 : 백만원)

구분	직전전년도	직전년도	당해연도 실적 및 예상 (월 현재)	예 상	차기년도	차차기 년도
총 자 산						
자기자본						
고정부채						
유동부채						
총매출액						
신청기술 (제품)매출 액						
지급이자						
법 인 세 차감전 이익						
법 인 세						
당기순이익						

□ 금융거래 현황(20 . . . 현재)

현시점의 대출 현황을 기재한다.

□ 재무상황

재무제표를 기준으로 기재한다.

신청기술(제품)매출액을 구분하기 곤란하면 총매출액과 같게 기재하면 된다.

차기 연도, 차차기 연도는 총매출액과 신청기술(제품)매출액만 20% 이상 성장할 것으로 기재하면 된다.

□ 연구개발 인력 및 시설현황(예비창업자의 경우는 확보계획)

연구개발조직				
개 발 인 력	명(박사 명, 석사 명, 대졸 명, 고졸 명)			
개 발 방 법				
주요 연구시설				
산업재산권 보 유 현 황	{특허 건, 실용신안 건, 프로그램 건, 기타( )}			
연구개발실적	개발과제 및 내용	개발기간	사업규모 (소요자금)	비 고 (사업화현황등)

※ 연구개발조직은 연구개발 전담부서의 형태를 기술
※ 개발방법은 신청대상기술(제품)의 개발형태를 중심으로 기술

□ 연구개발 인력 및 시설현황

○ 연구개발조직

"기업부설연구소" 또는 "연구개발전담부서" 또는 "자체 개발조직"으로 기재한다.

○ 개발인력

기업부설연구소 보유기업은 연구소 인력을 연구개발전담부서 보유기업과 자체개발조직 기업은 대표자를 포함한 전담부서 연구원과 기술인력을 포함하여 기재한다.

기업부설 연구소는 자금지원, 벤처기업확인 외 정부 지원사업 등에 거의 요구되고 있어 기술성 배점을 받기 위해 미리 확보해두면 유리하다. 연구 인력의 부족으로 기업부설 연구소의 설립신고가 곤란하면 인적요건을 갖춘 1명으로 연구개발 전담 부서라도 설립 신고하길 권장한다.

○ 개발방법

단독개발

○ 주요 연구시설

측정기, 시험기, 공구 등

SW 개발 및 디자인개발 조직은 유·무상 프로그램 등

○ 산업재산권 보유현황

특허, 실용신안, 프로그램등록의 건수를 기재하고 기타()에 디자인등록, 상표권등록, 저작권 등 건수를 기재한다.

프로그램등록(software 개발공급 업체) 및 저작권(지식서비스 업체)은 한국저작권위원회(https://www.cros.or.kr)에 등록하면 며칠 이내에 받을 수 있다. 특허, 실용신안 등은 자금지원, 벤처기업확인 외 정부 지원사업 등에 거의 요구되는 항목으로 기술성 배점을 받기 위해 미리 확보해두면 유리하다.

○ 연구개발실적

빈칸으로 넘어가지 말고 기재하도록 할 것.

기업을 운영함에 크고 작게 제품(서비스)의 개선에 노력하고 있으니 연구개발 실적이 없더라도 기존 공급하는 제품의 일부 수정되거나 개선된 제품(서비스)의 구체적 제품(서비스)명칭과 해당 제품(서비스)의 사업 규모를 기재하면 된다.

□ 보유 생산시설현황 (예비창업자의 경우는 확보계획)

시 설 명	규 격	수 량	용 도

□ **보유 생산시설현황 (예비창업자의 경우는 확보계획)**

기계장치, 구축물, 장비, 공구 등 1백만 원 이상 되는 시설명, 규격, 수량, 용도를 기재할 것.

Ⅱ. 사업내용 및 추진계획

□ 평가신청기술

기술 및 제품명							
개 발 기 간		개발비용		백만원	제품화여부		여, 부
개 발 방 법	(단독, 공동)공동개발의 경우 상대처 :						
권 리 구 분	특허, 실용신안, 의장권, 신기술 사업, 자체기술개발 등						
권리자(발명자)	성명		생년월일(남/여)		(남/여)		비고
	주소						
기술(제품) 용도 및 기능							
대체 또는 경쟁제 품과의 차별성 (기술/기능상의 차 이를 중심으로 기 술하되 제품의 핵 심기술과 보유여 부 포함)							
기술의 파급효과 (적용범위 및 응용 성을 중심으로 기 술하되 계획한 제 품 포함)							
기대효과 (매출증대, 고용창 출, 경영개선 효 과 등)							

※ 제품 및 기술이 2가지 이상일 경우에는 별지로 추가작성 바람

Ⅱ. 사업내용 및 추진계획

□ 평가신청기술

○ 기술 및 제품명

기술 또는 제품의 구체적인 명을 기재한다.

> 특허 보유 및 출원 중인 업체는 「"발명의 명칭"」을, 특허와 무관한 업체는 영위하
> 는 제품(서비스)의 「"신기술(신제품)의 구체적인 (기술) 제품명"」

○ 개발 기간: 1년~2년의 기간

○ 개발비용: 200백만 원

○ 제품화 여부: 제품화 되었는지의 여, 부

○ 개발방법: 단독

○ 권리 구분

　특허, 실용신안, 의장권, 신기술 사업, 자체기술개발 등

특허, 실용신안 등은 자금지원, 벤처기업확인 외 정부 지원사업 등에 거의 요구되고 있어 기술성 배점을 받기 위해 미리 확보해두면 유리하다.

○ 권리자(발명자): 해당하는 경우에만 기재할 것.

○ 기술(제품)용도 및 기능

<"기술 및 제품명"을 특허 「발명의 명칭」으로 한 업체>
특허의 내용 중 "기술 분야", "과제의 해결 수단", "발명을 실시하기 위한 구체적인 내용"을 알기 쉽게 정리하여 간략히 기술할 것.

<특허와 무관한 "기술 및 제품명"으로 한 업체>
기업이 영위하는 사업에 대해 간략히 기술하고 공급하는 제품(서비스)의 공정 사진들을 첨부하여 공정별 일반적인 기능과 공급하는 제품(서비스) 사진들을 첨부하여 일반적인 용도를 기술할 것.

○ 대체 또는 경쟁제품과의 차별성

(기술/기능상의 차이를 중심으로 기술하되 제품의 핵심기술과 보유 여부 포함)

상기 "기술(제품)용도 및 기능"에서 공정별 일반적인 기능과 일반적인 용도를 기술함과 달리 핵심공정의 주기능 등에 관한 특징 사항과 주요 제품(서비스)의 용도, 사양, 주기능, 성능 등에 관한 특징이 경쟁 우위의 차별성을 기술할 것.

○ 기술의 파급효과

(적용 범위 및 응용성을 중심으로 기술하되 계획한 제품 포함)

– 경제적 파급효과

핵심 제품(서비스)의 향상(기술개발)으로 전방산업과 후방산업에 미치는 파급효과를 기술할 것.

– 사회적 파급효과

환경오염 개선, 에너지 절감, 사회적 비용 절감 등을 기술할 것.

또는 국가적 위상 제고, 신사업창출, 성장동력원, 부가가치창출, 전문인력 양성 등의 파급효과를 업체에 적합하게 적절히 기술할 것.

○ 기대효과

(매출증대, 고용창출, 경영개선 효과 등)

매출증대는 현재 매출액에서 향후 1~3차 연도별 각각 기대되는 예상 매출 증가액과 고용창출은 기술인력과 생산인력을 향후 1~3차 연도별 각각의 고용 예상인력을 적절히 기술할 것.

□ 시장 현황

시장현황 및 특성 (단위 : 백만원)	-시장규모				
	구 분	직전년도	당해년도	차기년도	차차기년도
	세계시장				
	국내시장				
	※작성근거(반드시 기재)				
	-시장특성(향후 3년간 자료로 판단)				
	구 분	국 내		국 외	
	시장상태(독점/경쟁)				
	안 전 성				
	지 속 성				
	성 장 성				
주요 수요처 (년) (수주 또는 납품현황만을 기재)	수 요 처 명	수요처의 총수요규모		당사 수주(납품)	
경쟁업체 현황 (업체명, 기술개발계획, 양산/증산계획 등)	-국내시장				
	-국외시장				

※ 시장특성은 유무, 고저등으로 간략하게 표기
※ 제품 및 기술이 2가지 이상일 경우에는 별지로 추가작성 바람

□ 시장 현황

○ 시장 현황 및 특성(단위 : 백만 원)

- 시장규모

동 산업의 국내·외 시장규모는 구글(국내 포털은 정보 부족)에서 검색하면 다양한 정보를 얻을 수 있어 이를 참조하여 작성하면 도움이 된다.

하지만, 정보를 얻기 곤란한 경우

<동 산업 및 시장규모는 활용산업과 활용범위, 기술개발의 속도에 따라 무한대로 확장 지속가능성이 있는 시장으로 현재 시장의 규모를 가늠하기 어렵다.

"당사"와 경쟁/대체 업체들의 경쟁이 치열할 것으로 예상하며 "당사"는 차별화된 경쟁 우위를 확보하기 위해 기술개발에 전념하고 있다.> 등으로 기술하면 된다.

- **시장특성**(향후 3년간 자료로 판단)

〈예시〉

구 분	국 내	국 외
시장상태(독점/경쟁)	경쟁	경쟁
안 전 성	중	중
지 속 성	고	고
성 장 성	고	고

○ **주요 수요처**(년)(수주 또는 납품 현황만을 기재)

매출액 상위 순으로 수요처 명, 수요처의 총수요 규모, 당사 수주(납품) 금액을 기재하면 된다.

○ **경쟁업체 현황**(업체명, 기술개발계획, 양산/증산계획 등)

국내와 국외 경쟁사가 있으면 국내·외 경쟁사를 구분하여 기술할 것. 국외 경쟁사 파악이 곤란한 경우 국내 경쟁사 현황만 기술할 것.

당사의 매출은 국내 매출이 대부분으로 주요경쟁사는 국내 경쟁사이다.

〈예시〉 국내시장 경쟁사 현황

회사명	주요제품	특징
(주)예시산업	상수도관, 하수도관 빗물저장시설	2001년 설립(업력 19년) 매출액 24,935백만 원, 벤처기업, 이노비즈기업, ISO9001, 특허등록 2건 등
· · ·	· · ·	· · ·

※ 경쟁업체의 기술개발계획, 양산/증산계획 등을 파악할 수 있으면 기재하고, 파악하기 곤란한 경우 예시와 같이 (경쟁 업체명, 주요제품, 매출액, 시장점유율, 생산능력, 인증, 특허 등 현황) 기재하면 된다.

□ 향후 판매전략 및 판매계획   (단위 : 백만원)

판매전략					
판매계획	제 품 명(상 품 명)	직전년도	당해년도	차기년도	차차기년도
	기 타 제품				
	계				

※ 판매전략은 경쟁제품과의 비교등을 통한 신청기술(제품)의 판매전략 위주로 기술
※ 판매계획은 현재 생산중이거나 계획중인 제품중 신청기술(제품)을 포함한 주력 제품 위주로 기술

□ 향후 판매전략 및 판매계획

○ 판매전략

영업 활동의 주요 시장 및 배경을 기술하고, 공급하는 "기술(제

품)"이 경쟁사에 비교 차별적 우위임을 기술할 것.

또는, 신청 "기술(제품)"을 위주로 장단기 판매전략을 기술할 것.

○ 판매계획

품목별로 기재(품목별 구분이 곤란한 경우 단일 품목)하고 차
기 연도, 차차기 연도는 20% 이상 성장할 것으로 기재할 것.

□ 추진계획(상세기술 요망)

향후 추진일정 계획	
인력수급 계획	
소요자금 및 조달계획	
설비투자계획 (추가 설비명, 구입처, 규격, 금액등을 명시)	

※ 별지 사용 가능

□ 추진계획(상세기술 요망)

○ 향후 추진일정 계획

구체적 "기술(제품)명"의 개발, 신규 거래처 확장 등의 계획을
기재할 것.

○ 인력수급 계획

연구 인력, 기술인력, 생산인력 등의 채용 계획을 기재할 것 등.

○ 소요자금 및 조달계획, 설비투자계획

해당하면 기재할 것.

4. 벤처인의 벤처기업확인 신청

벤처인(https://www.venturein.or.kr)에 회원가입 후 "벤처확인신청"을 한다.

평가받고자 하는 해당 벤처확인 유형을 선택한다.

평가하는 관할 영업점을 선택한다.

정부지원금 받는 법

o 기술사업계획서
■첨부파일의 용량은 5MB 이하로 첨부해 주시기 바랍니다.

구분		관련서식	
	찾아보기...	작성예시	다운로드
1. 기술사업계획서 (필수)*	■첨부파일의 용량은 5MB 이하로 첨부해 주시기 바랍니다.		
2. 추가첨부자료 (필요시)	찾아보기... ■첨부파일의 용량은 5MB 이하로 첨부해 주시기 바랍니다.	기술사업계획서	
3. 추가첨부자료 (필요시)	찾아보기... ■첨부파일의 용량은 5MB 이하로 첨부해 주시기 바랍니다.		

✓ 신청완료

※ 기술보증기금에서 보증신청과 함께 벤처기업확인을 신청할 경우 "기술사업계획서(보증용)"를 첨부하는 것으로 가능하다.

※ 중소벤처기업진흥공단에서 대출신청과 함께 벤처기업확인을 신청하는 경우 "융자신청서"를 첨부하는 것으로 가능하다.

※ 보증신청 및 대출신청 후 일정 기간 경과 이후에 벤처기업확인을 신청하는 경우 또는 벤처기업확인을 연장하는 경우 또는 연구개발기업 유형에 해당하는 경우에는 벤처인 양식인 "벤처기업 평가를 위한 기술사업계획서"를 첨부해야 한다.

"2. 추가첨부자료(필요시)"는 연구개발기업 유형의 "연구개발비 산정표"를 첨부한다.

PART
05

이노비즈
기업 인증

1. 이노비즈기업 인증 개요

이노비즈란 "Innovation(혁신)과 Business(기업)의 합성어로 기술 우위를 바탕으로 경쟁력을 확보한 기술혁신형 중소기업"으로 "중소기업 기술혁신 촉진법 제15조"에 의거 중소벤처기업부 장관이 선정한 기술혁신형 중소기업(Inno-Biz)을 말한다.

이노비즈기업 대상은 「중소기업 기본법」 제2조에 따른 중소기업 중 업력이 3년 이상인 기업으로 이노비즈넷(https://www.innobiz.net/)의 신청절차에 따라 일반현황, 재무상태 등을 입력하고 자가진단을 실시한 평가점수(기술혁신능력, 기술사업화능력, 기술혁신경영능력, 기술혁신성과 4개 분야 1,000점 만점)가 650점 이상인 때에만 기술사업계획서를 제출하여 신청하면 되며 기업부설연구소, 특허(출원포함), ISO는 필수 구비항목이다.

자가진단 실시결과를 바탕으로 기술보증기금이 현장 평가하여 기술혁신시스템 평가점수([표 12] 참조)가 700점 이상이고, 기술평가등급이 B등급 이상인 평가기업에 대하여 이노비즈기업으로 선정한다.

이노비즈기업 인증을 신청하는 경우 벤처기업확인을 동시에 신청할 수 있다.

이노비즈기업이 벤처기업보다 우수한 등급의 기업으로 평가되며 벤처기업의 혜택 외 보증확대 및 우대혜택 등이 더 주어지고 있다.

이노비즈기업의 유효 기간은 확인서 발급일부터 3년이다.

유효 기간을 연장하는 경우 이노비즈넷을 통하여 유효 기간 만료 90일 전부터 유효 기간 만료 후 30일 이내까지 유효 기간 연장을 신청하여야 한다.

수수료는 이노비즈기업 선정을 위한 현장평가의 경우에는 77만 원(부가세 포함), 유효 기간 연장을 위한 현장평가의 경우에는 44만 원(부가세 포함)이다.

[표 12] 기술혁신시스템 평가지표 배점표

부 문	대 항 목	문항 수	배점	평가결과	비 고
I. 기술혁신 능력	1. R&D 활동지표	2	50		
	2. 기술혁신 체제	6	85		
	3. 기술축적 시스템	5	105		
	4. 기술분석 능력	4	60		
	계	17	300		
II. 기술사업화능력	1. 기술의 제품화 능력	4	90		
	2. 기술의 생산화 능력	8	130		
	3. 마케팅 능력	6	80		
	계	18	300		
III. 기술혁신 경영능력	1. 경영혁신 능력	5	91		
	2. 변화대응 능력	4	74		
	3. 경영자의 가치관	2	35		
	계	11	200		
IV. 기술혁신성과	1. 기술경쟁력 변화성과	3	50		
	2. 기술경영성과	9	110		
	3. 기술적 성과(예측)	4	40		
	계	16	200		
총 계		62	1000		

2. 온라인(이노비즈넷) 자가진단

평가지표 기준업종은 제조업, 비제조업, 소프트웨어업, 환경업, 바이오산업, 건설업, 전문디자인업, 농업으로 구분한다.

이노비즈넷(https://www.innobiz.net/)에 접속하여 단계별 입력하는 과정을 거침으로써 신청한다.

4단계로 구성된다.

○ 기업등록

기업(정보)등록, 공장과 주 생산품 입력 및 재무사항 입력

○ 자가진단 입력

이노비즈기업 선정이 가능한지 스스로 평가하는 자가진단을 진행한다.

기술혁신능력, 기술사업화능력, 기술혁신경영능력, 기술혁신성과의 각각의 단계별 평가항목을 ◉ 또는 ☑로 선택하며 진행한다.

◉선택 항목은 기업의 현재 상황에 가장 유리한 것을 선택하고, ☑선택 항목은 현재 실행하고 있거나 가능한 사항을 중복하여 선택한다.

단, 기술혁신경영능력 중 "경영자의 가치관항목"은 가능하면 "해당 항목 없음"을 선택한다.

○ 기술사업계획서 입력

기업체 개요, 경영진 현황, 영업 현황 및 매출 현황, 소요자금 및 조달계획, 기술사업내용을 입력하는 형식이다.

- 기술사업내용 중

"기술의 개요"는 5줄 이내로 간략하게 기재하면 된다.

"기술개발 및 관련 실적(3년 이내)"에서 기술개발 및 관련 실적이 없는 경우, 기존 납품하는 제품이 일부 수정되거나 개선된 제품(서비스)을 기술상용화실적 건수로 기재하면 된다.

"기술혁신", "시장 친화", "기타"는 모두 YES를 선택한다.

○ 현장평가 대상업체 선정

관할하는 지역의 기술보증기금 평가센터를 선택하고 사업자등록증을 첨부하여 신청한다.

신청 완료 후 수수료를 납부하면 해당 평가센터에서 연락이 오며 이때 실사 날짜를 협의한다.

3. 현장평가

자가진단에서 자체 평가했던 내용에 대한 검증자료와 기술에 대한 일련의 서류 및 설명 자료를 바탕으로 신뢰성 유무를 확인하여 기업이 보유한 기술에 대한 현황과 혁신성 및 기술성 등을 종합 평가하여 이노비즈기업으로 선정한다.

1) 기본 필수 서류

- 기본적인 사업자 관련 서류, 세금납부 관련 서류 등
- 기업부설연구소(또는 연구개발전담부서 포함) 인정서
- 산업재산권(출원 포함) 등
- ISO 인증서, 그 외 보유 인증서 등

2) 자가진단에 대한 검증자료

(1) 중장기 사업계획서(파워포인트 작성 가능, 50장 이상)

자가진단의 평가항목 중 국내·외 경제환경, 기술 동향, 시장 동향, 경쟁업체 동향, 기술의 강약분석, 회사(제품) 경쟁력, 중장기 신사업(신기술) 개발계획, 기술개발 목표, 마케팅 전략수립 항목 등은 중장기 사업계획서로 입증된다.

기업이 영위하는 사업과 관련된 책자, 문헌 등을 비치할 것.

아래 목차를 바탕으로 신청하는 기업의 환경에 적합하게 수정·변경하여 작성하면 된다.

<중장기 사업계획서 목차 예시>

1. 회 사 현 황
  1) 회사 개요
  2) 경영이념 및 목표
  3) 주요 연혁
  4) 조직구성(경영진, 주주, 핵심인력 현황 등)
  5) 산업재산권 및 인증현황
2. 주요 기술(제품) 현황
  1) 주요 공정
  2) 주요 제품
  3) 특징 및 핵심기술
  4) 사업장 및 설비현황(보유 장비)
3. 사업 현황
  1) 주요사업내용
  2) 주요실적
  3) 주요 고객사
4. 사업추진전략(기존)
  1) 산업 동향 및 시장 현황
  2) 경쟁업체 분석
  3) SWOT 분석
  4) 수주 전략 및 마케팅 전략
  5) 운영 전략
5. 재무현황
  1) 재무제표
  2) 경영성과
  3) 안정성
  4) 수익성
  5) 활동성
  6) 성장성
6. 중장기 기술(제품)사업 전략(향후)
  1) 기술(제품) 사업목적 및 품목 및 배경
  2) 산업의 국내외 시장 동향
  3) 기술(제품) 개발 전략

4) 기술(제품) 개발 세부단계
5) 기술(제품) 경쟁업체
6) 기술(제품) 매출 예상
7) 산업의 파급효과』

(2) 기업부설 연구소 관련 연구개발 자료

연구개발 일지, 연구개발 회의록, 연구 장비 목록, 단계별 개발계획서, 개발실적 자료, 자사 특허분석, 타사 특허분석(키프리스 활용) 등 연구개발 관련 서류철을 비치할 것.

(3) ISO 양식(제조업 기준)

ISO 인증기관에서 제공한 양식 파일 중 신청하는 기업의 관련 양식을 비치할 것.

기업 자체 관련 양식이 있는 경우, 해당 양식으로 대체 가능하다.

제조공정도, QC 공정도 등 관련
공정관리서, 작업표준서, 설비관리서 등 관련
검사·측정 장비관리 등 관련
작업절차서 또는 작업지시서 등 관련
생산목표계획 등 관련
교육훈련, 업무분장 등 관련
고객 불만, 불량조치, A/S 등 관련
원재료, 반제품, 완제품 관리 및 품질관리 등 관련
외주·납품업체 관리 등 관련
견적서, 발주서 등 관련

(4) 그 외 비치 서류

자율 출·퇴근, 탄력적 근무 운영제도 등 관련 서류철(해당 시)

OJT(On-the-Job-Training) 관련 서류철

인센티브 시스템(직무발명 보상관리 등) 관련 서류철

우리사주제도(스톡옵션 등) 서류철(해당 시)

5S 활동 관련 서류철

그 외 기업운영 관련 서류철

PART
06

법령

벤처기업 육성에 관한 특별조치법 (약칭: 벤처기업법)
[시행 2019. 7. 9] [법률 제16216호, 2019. 1. 8, 일부 개정]

중소벤처기업부(벤처혁신정책과) 042-481-1639

제1장 총칙 <개정 2007. 8. 3.>
제1조(목적)
이 법은 기존 기업의 벤처기업으로의 전환과 벤처기업의 창업을 촉진하여 우리 산업의 구조조정을 원활히 하고 경쟁력을 높이는 데에 기여하는 것을 목적으로 한다. [전문개정 2007. 8. 3.]
제2조(정의)
① "벤처기업"이란 제2조의 2의 요건을 갖춘 기업을 말한다. <개정 2007. 8. 3.>
② "투자"란 주식회사가 발행한 주식, 무담보전환사채 또는 무담보 신주인수권부사채를 인수하거나, 유한회사의 출자를 인수하는 것을 말한다. <개정 2007. 8. 3.>
③ 삭제 <2006. 3. 3.>
④ "벤처기업 집적시설"이란 벤처기업 및 대통령령으로 정하는 지원시설을 집중적으로 입주하게 함으로써 벤처기업의 영업 활동을 활성화하기 위하여 제18조에 따라 지정된 건축물을 말한다. <개정 2007. 8. 3.>
⑤ "실험실 공장"이란 벤처기업의 창업을 촉진하기 위하여 대학이나 연구기관이 보유하고 있는 연구시설에 「산업집적활성화 및 공장설립에 관한 법률」 제28조에 따른 도시형 공장에 해당하는 업종의 생산시설을 갖춘 사업장을 말한다. <개정 2007. 8. 3.>
⑥ "벤처기업육성촉진지구"란 벤처기업의 밀집도가 다른 지역보다

높은 지역으로 집단화·협업화(協業化)를 통한 벤처기업의 영업 활동을 활성화하기 위하여 제18조의 4에 따라 지정된 지역을 말한다. <개정 2007. 8. 3.>

⑦ "전략적 제휴"란 벤처기업이 생산성 향상과 경쟁력 강화 등을 목적으로 기술·시설·정보·인력 또는 자본 등의 분야에서 다른 기업의 주주 또는 다른 벤처기업과 협력 관계를 형성하는 것을 말한다. <개정 2007. 8. 3.>

⑧ "신기술창업 전문회사"란 대학이나 연구기관이 보유하고 있는 기술의 사업화와 이를 통한 창업 촉진을 주된 업무로 하는 회사로서 제11조의 2에 따라 등록된 회사를 말한다. <개정 2007. 8. 3.>

⑨ "신기술창업 집적지역"이란 대학이나 연구기관이 보유하고 있는 교지나 부지로서 「중소기업창업 지원법」 제2조 제2호에 따른 창업자(이하 "창업자"라 한다)와 벤처기업 등에 사업화 공간을 제공하기 위하여 제17조의 2에 따라 지정된 지역을 말한다. <개정 2007. 8. 3.>

[제목개정 2007. 8. 3.]

제2조의 2(벤처기업의 요건)

① 벤처기업은 다음 각호의 요건을 갖추어야 한다. <개정 2007. 8. 3., 2009. 5. 21., 2010. 1. 27., 2011. 3. 9., 2014. 1. 14., 2016. 3. 22., 2016. 3. 29., 2016. 5. 29., 2018. 12. 31., 2019. 1. 8.>

1. 「중소기업 기본법」 제2조에 따른 중소기업(이하 "중소기업"이라 한다)일 것

2. 다음 각 목의 어느 하나에 해당할 것

　가. 다음 각각의 어느 하나에 해당하는 자의 투자금액의 합계(이하 이 목에서 "투자금액의 합계"라 한다) 및 기업의 자본금 중 투자금액의 합계가 차지하는 비율이 각각 대통령령으로 정하는 기준 이상인 기업

　　(1) 「중소기업창업 지원법」 제2조 제4호에 따른 중소기업창업투자회사(이하 "중소기업창업투자회사"라 한다)

　　(2) 「중소기업창업 지원법」 제2조 제5호에 따른 중소기업창업투자조합(이하 "중소기업창업투자조합"이라 한다)

　　(3) 「여신전문금융업법」에 따른 신기술사업금융업자(이하 "신기술사업금융업자"라 한다)

　　(4) 「여신전문금융업법」에 따른 신기술사업투자조합(이하 "신기술사업투자조합"이라 한다)

(5) 제4조의 3에 따른 한국벤처 투자조합

(6) 제4조의 9에 따른 전담회사

(7) 중소기업에 대한 기술평가 및 투자를 하는 금융기관으로서 대통령령으로 정하는 기관

(8) 투자실적, 경력, 자격요건 등 대통령령으로 정하는 기준을 충족하는 개인

나. 기업(「기초연구진흥 및 기술개발지원에 관한 법률」 제14조의 2 제1항에 따라 인정받은 기업부설 연구소를 보유한 기업만을 말한다)의 연간 연구개발비와 연간 총매출액에 대한 연구개발비의 합계가 차지하는 비율이 각각 대통령령으로 정하는 기준 이상이고, 대통령령으로 정하는 기관으로부터 사업성이 우수한 것으로 평가받은 기업. 다만, 연간 총매출액에 대한 연구개발비의 합계가 차지하는 비율에 관한 기준은 창업 후 3년이 지나지 아니한 기업에 대하여는 적용하지 아니한다.

다. 다음 각각의 요건을 모두 갖춘 기업[창업하는 기업에 대하여는 (3)의 요건만 적용한다]

(1) 「기술보증기금법」에 따른 기술보증기금(이하 "기술보증기금"이라 한다)이 보증(보증 가능 금액의 결정을 포함한다)을 하거나, 「중소기업진흥에 관한 법률」 제68조에 따른 중소벤처기업 진흥공단(이하 "중소벤처기업 진흥공단"이라 한다) 등 대통령령으로 정하는 기관이 개발기술의 사업화나 창업을 촉진하기 위하여 무담보로 자금을 대출(대출 가능 금액의 결정을 포함한다)할 것

(2) (1)의 보증 또는 대출금액과 그 보증 또는 대출금액이 기업의 총자산에서 차지하는 비율이 각각 대통령령으로 정하는 기준 이상일 것

(3) (1)의 보증 또는 대출기관으로부터 기술성이 우수한 것으로 평가를 받을 것

② 제1항 제2호 나목 및 다목(3)에 따른 평가 기준과 평가방법 등에 관하여 필요한 사항은 대통령령으로 정한다. [전문개정 2007. 8. 3.]

제3조(벤처기업에 포함되지 아니하는 업종의 결정) 제2조 제1항에도 불구하고 우리 산업의 구조조정을 원활히 하고 경쟁력을 높이기 위하여 일반 유흥 주점업 등 대통령령으로 정하는 업종을 영위

하는 기업은 벤처기업에 포함하지 아니한다. <개정 2015. 5. 18., 2019. 4. 23.> [전문개정 2007. 8. 3.]

제2장 벤처기업 육성기반의 구축 <개정 2007. 8. 3.>
제1절 벤처기업 육성을 위한 추진체계의 구축 <신설 2016. 12. 2.>

제3조의 2(벤처기업 육성계획의 수립 등)

① 중소벤처기업부 장관은 벤처기업을 육성하기 위하여 3년마다 벤처기업 육성계획(이하 "육성계획"이라 한다)을 관계 중앙행정기관의 장과 협의를 거쳐 수립·시행하여야 한다. <개정 2017. 7. 26.>

② 육성계획에는 다음 각호의 사항이 포함되어야 한다.
   1. 벤처기업의 육성을 위한 정책의 기본방향
   2. 벤처기업의 창업지원에 관한 사항
   3. 벤처기업 육성을 위한 기반조성에 관한 사항
   4. 벤처기업 관련 통계 조사·관리에 관한 사항
   5. 벤처기업 제품의 공공구매 확대에 관한 사항
   6. 그 밖에 벤처기업의 육성을 위하여 필요한 사항

③ 중소벤처기업부 장관은 육성계획의 수립과 시행을 위하여 필요한 경우에는 관계 중앙행정기관의 장과 벤처기업 육성에 관련된 기관 또는 단체 대표자 등에 대하여 자료의 제출이나 의견의 진술을 요청할 수 있다. 이 경우 요청을 받은 관계 중앙행정기관의 장 등은 특별한 사정이 없으면 요청에 따라야 한다. <개정 2017. 7. 26.>

[본조신설 2016. 12. 2.]

제3조의 3(실태조사)

① 중소벤처기업부 장관은 벤처기업을 체계적으로 육성하고 육성계획을 효율적으로 수립·추진하기 위하여 매년 벤처기업의 활동현황 및 실태 등에 대한 조사를 하고 그 결과를 공표하여야 한다. <개정 2017. 7. 26.>

② 중소벤처기업부 장관은 제1항에 따른 실태조사를 하기 위하여 필요한 경우에는 관계 중앙행정기관의 장, 지방자치단체의 장, 「공공기관의 운영에 관한 법률」에 따른 공공기관의 장, 벤처기업 대표자 또는 관련 단체 대표자 등에 대하여 자료의 제출이나 의견의 진술 등을 요청할 수 있다. 이 경우 요청을 받은 관계 중앙행정기관의 장 등은 특별한 사정이 없으면 요청에 따라야 한다. <개정 2017. 7. 26.>

[본조신설 2016. 12. 2.]

제3조의 4(종합관리시스템 구축ㆍ운영) 중소벤처기업부 장관은 벤처기업 관련 정보를 종합적으로 관리하고 벤처기업 간의 협력기반을 구축하여 벤처기업 활동에 유용한 정보를 제공하기 위하여 종합관리시스템을 구축ㆍ운영할 수 있다. <개정 2017. 7. 26.>

[본조신설 2016. 12. 2.]

제2절 자금공급의 원활화 <개정 2016. 12. 2.>

제4조(벤처기업에 대한 기금의 투자 등)

① 「국가재정법」에 따른 기금으로서 대통령령으로 정하는 기금을 관리하는 자(이하 "기금관리 주체"라 한다)는 대통령령으로 정하는 비율 이내의 자금을 그 기금 운용계획에 따라 벤처기업에 투자하거나 중소기업창업투자조합ㆍ신기술사업투자조합 또는 한국벤처투자조합에 출자할 수 있다. <개정 2007. 8. 3.>

② 기금관리 주체가 기금 운용계획의 범위에서 행하는 벤처기업에 대한 투자나 중소기업창업투자조합ㆍ신기술사업투자조합 또는 한국벤처 투자조합에 대한 출자에 관하여는 관계 법령에 따른 인가ㆍ허가ㆍ승인 등을 받은 것으로 본다. <개정 2007. 8. 3.>

③ 삭제 <1998. 12. 30.>

④ 「보험업법」 제2조 제5호에 따른 보험회사는 같은 법 제106조, 제108조 및 제109조에도 불구하고 금융위원회가 정하는 범위에서 벤처기업에 투자하거나 중소기업창업투자조합 또는 신기술사업투자조합에 출자할 수 있다. <개정 2007. 8. 3., 2008. 2. 29.>

⑤ 「중소기업진흥에 관한 법률」 제62조의 17 제1항 제1호에 따라 지방자치단체의 장이 설치한 지방중소기업육성 관련 기금을 관리하는 자는 지방 중소기업ㆍ벤처기업을 육성하기 위하여 다음 각호의 조합에 출자할 수 있다. <신설 2010. 1. 27., 2016. 3. 29.>

1. 중소기업창업투자조합
2. 신기술사업투자조합
3. 제4조의 2에 따른 중소기업투자 모태조합
4. 제4조의 3에 따른 한국벤처 투자조합

[제목개정 2007. 8. 3.]

제4조의 2(중소기업투자 모태조합의 결성 등)

① 중소벤처기업부 장관이 중소벤처기업 진흥공단 등 대통령령으로 정하는 투자관리기관 중에서 지정하는 기관(이하 "투자관리 전문

기관"이라 한다)은 「중소기업진흥에 관한 법률」 제63조에 따른 중소벤처기업창업 및 진흥기금(이하 "중소벤처기업창업 및 진흥기금"이라 한다)을 관리하는 자 등으로부터 출자를 받아 중소기업과 벤처기업에 대한 투자를 목적으로 설립된 조합 또는 회사에 출자하는 중소기업투자 모태조합(이하 "모태조합"이라 한다)을 결성할 수 있다. <개정 2009. 1. 30., 2009. 5. 21., 2015. 5. 18., 2017. 7. 26., 2018. 12. 31.>

② 중소벤처기업창업 및 진흥기금을 관리하는 자는 「중소기업진흥에 관한 법률」 제67조에도 불구하고 모태조합에 출자할 수 있다. <개정 2009. 1. 30., 2009. 5. 21., 2015. 5. 18., 2018. 12. 31.>

③ 투자관리 전문기관은 모태조합의 자산을 다음 각호의 조합이나 회사에 출자하여야 한다. <개정 2007. 8. 3., 2009. 4. 1., 2015. 5. 18., 2015. 7. 24.>

1. 중소기업창업투자조합

2. 제4조의 3에 따른 한국벤처 투자조합

3. 「산업발전법」(법률 제9584호 산업발전법 전부 개정법률로 개정되기 전의 것을 말한다) 제15조에 따라 등록된 기업구조조정조합 및 「산업발전법」 제20조에 따른 기업구조개선 경영참여형 사모 집합투자기구

4. 「자본시장과 금융투자업에 관한 법률」 제9조 제19항 제1호에 따른 경영 참여형 사모 집합투자기구

5. 신기술사업투자조합

6. 제13조에 따른 개인 투자조합

④ 투자관리 전문기관은 모태조합의 자산을 관리·운용하여야 하며, 그 밖에 투자관리 전문기관의 지정·관리 등에 필요한 사항은 대통령령으로 정한다. <개정 2009. 1. 30.>

⑤ 삭제 <2009. 1. 30.>

⑥ 삭제 <2009. 1. 30.>

⑦ 삭제 <2009. 1. 30.>

⑧ 삭제 <2009. 1. 30.>

⑨ 모태조합의 존속기간은 30년 이내의 범위에서 대통령령으로 정하는 기간으로 하며, 그 밖에 모태조합의 관리·운용 등에 필요한 사항은 대통령령으로 정한다. <개정 2009. 1. 30.>

[전문개정 2007. 8. 3.]

제4조의 3(한국벤처 투자조합의 결성 등)

① 다음 각호의 어느 하나에 해당하는 자는 모태조합으로부터 출자를 받아 중소기업과 벤처기업에 대한 투자와 제6항 제3호에 따른 투자조합에 대한 출자 등을 목적으로 조합(이하 "한국벤처 투자조합"이라 한다)을 결성할 수 있다. 다만, 중소기업 또는 벤처기업을 인수 합병하거나, 다른 중소기업창업투자조합 또는 한국벤처 투자조합이 보유하고 있는 주식 등의 자산 매수 등 중소벤처기업부 장관이 정하는 목적과 기준에 부합하게 조합을 결성하고자 하는 자는 모태조합으로부터 출자를 받지 아니하고 한국벤처 투자조합을 결성할 수 있다. <개정 2015. 5. 18., 2016. 5. 29., 2017. 7. 26.>
1. 중소기업창업투자회사
2. 신기술사업금융업자
3. 다음 각 목의 요건을 갖추고 있는 「상법」상 유한회사 또는 유한책임회사
   가. 출자금 총액이 조합 결성금액의 1퍼센트 이상일 것
   나. 대통령령으로 정하는 기준에 맞는 전문인력을 보유할 것
4. 다음 각 목의 요건을 갖추고 있다고 중소벤처기업부 장관이 인정하는 외국투자회사. 다만, 외국투자회사가 제1호부터 제3호까지에 해당하는 자와 함께 한국벤처 투자조합을 결성하는 경우에는 다음 각 목의 요건을 충족한 것으로 본다.
   가. 국내지점과 전문인력 등 중소기업창업투자회사에 준하는 물적·인적요건을 갖추고 있을 것
   나. 국제적 신인도가 높고 사업계획이 타당할 것
② 제1항에 따라 한국벤처 투자조합을 결성한 자는 대통령령으로 정하는 바에 따라 중소벤처기업부 장관에게 신고하여야 하고, 신고사항을 변경하는 경우에도 같다. <신설 2016. 5. 29., 2017. 7. 26.>
③ 한국벤처 투자조합은 조합의 채무에 대하여 무한책임을 지는 1인 이상의 조합원(이하 "업무집행조합원"이라 한다)과 출자액을 한도로 하여 유한책임을 지는 조합원(이하 "유한책임조합원"이라 한다)으로 구성한다. 이 경우 업무집행조합원은 다음 각호의 어느 하나에 해당하는 자로 하되, 그중 1인은 제1호에 해당하는 자이어야 하고, 제1항 제4호 단서의 경우 업무집행조합원은 제1항 제1호부터 제3호까지에 해당하는 자와 외국투자회사가 공동으로 하여야 한다. <개정 2010. 1. 27., 2016. 5. 29.>
1. 제1항 각호의 어느 하나에 해당하는 자

2. 「국가재정법」제8조 제1항에 따른 기금관리 주체로서 같은 법 별표 2에 따른 기금을 관리·운용하는 자
3. 법률에 따라 공제 사업을 경영하는 법인
4. 그 밖에 대통령령으로 정하는 자

④ 제3항 전단에도 불구하고 제4조의 8에 따른 공모 한국벤처 투자 조합을 결성하는 경우 업무집행조합원은 1인으로 한다. <신설 2010. 1. 27., 2016. 5. 29.>

⑤ 한국벤처 투자조합의 출자금액, 조합원 수 및 존속기간을 포함한 결성 요건과 신고사항, 그 밖에 운영 등에 필요한 사항은 대통령령으로 정한다. <개정 2010. 1. 27., 2016. 5. 29.>

⑥ 업무집행조합원은 한국벤처 투자조합의 자금을 다음 각호의 사업을 위하여 사용하여야 한다. 다만, 제3호의 사업에 대하여는 그 사업을 주된 목적으로 결성된 조합에만 자금을 사용할 수 있다. <개정 2010. 1. 27., 2015. 5. 18., 2016. 5. 29., 2017. 7. 26.>
1. 중소기업과 벤처기업에 대한 투자
2. 「중소기업창업 지원법」제10조 제1항 제4호에 따른 해외투자
3. 중소기업창업투자조합·신기술사업투자조합 또는 제13조에 따른 개인 투자조합에 대한 출자
4. 그 밖에 중소기업과 벤처기업의 경쟁력을 강화하기 위하여 중소벤처기업부 장관이 인정하는 사업

⑦ 업무집행조합원은 선량한 관리자로서 출자자의 이익을 위하여 한국벤처 투자조합의 자산을 관리하여야 한다. <개정 2010. 1. 27., 2016. 5. 29.>

⑧ 한국벤처 투자조합은 업무집행조합원에게 조합 규약으로 정하는 바에 따라 투자수익에 따른 성과보수를 지급할 수 있으며, 성과보수 지급을 위한 투자수익의 산정 방식 등에 관하여 필요한 사항은 대통령령으로 정한다. <개정 2010. 1. 27., 2016. 5. 29.>

[전문개정 2007. 8. 3.]

제4조의 4(한국벤처 투자조합의 업무 집행 등)

① 한국벤처 투자조합의 업무는 업무집행조합원이 집행한다.
② 업무집행조합원은 한국벤처 투자조합의 업무를 집행할 때 다음 각호의 어느 하나에 해당하는 행위를 하여서는 아니 된다.
1. 자기나 제삼자의 이익을 위하여 한국벤처 투자조합의 재산을 사용하는 행위
2. 자금차입·지급보증 또는 담보를 제공하는 행위

3. 「독점규제 및 공정거래에 관한 법률」 제9조에 따른 상호출자 제한기업집단에 속하는 회사에 투자하는 행위
4. 대통령령으로 정하는 금융기관의 주식을 취득하거나 소유하는 행위
5. 「중소기업창업 지원법」 제6조 제1항에 따른 창업보육센터 등 대통령령으로 정하는 범위의 업무용 부동산 외의 부동산(이하 "비업무용부동산"이라 한다)을 취득하거나 소유하는 행위. 다만, 담보권의 실행으로 비업무용부동산을 취득하는 경우에는 그러하지 아니하다.
6. 그 밖에 설립목적을 해치는 것으로서 대통령령으로 정하는 행위
③ 업무집행조합원이 제2항 제5호 단서에 따라 담보권의 실행으로 비업무용부동산을 취득한 경우에는 1년의 범위에서 중소벤처기업부령으로 정하는 기간 내에 이를 처분하여야 한다. <개정 2008. 2. 29., 2013. 3. 23., 2017. 7. 26.>
[전문개정 2007. 8. 3.]

제4조의 5(한국벤처 투자조합 조합원 지분의 양도)
① 업무집행조합원은 다른 조합원 전원의 동의를 받지 아니하면 그 지분의 전부 또는 일부를 타인에게 양도하지 못한다.
② 유한책임조합원의 지분은 조합계약에서 정하는 바에 따라 양도할 수 있다.
③ 유한책임조합원의 지분을 양수한 자는 양도인의 조합에 대한 권리·의무를 승계한다.
[본조신설 2016. 5. 29.]
[종전 제4조의 5는 제4조의 6으로 이동 <2016. 5. 29.>]

제4조의 6(한국벤처 투자조합 업무집행조합원의 탈퇴) 업무집행조합원은 다음 각호의 어느 하나에 해당하는 경우가 아니면 한국벤처 투자조합을 탈퇴할 수 없다.
1. 중소기업창업투자회사나 신기술사업금융업자의 등록이 취소되거나 말소된 경우
2. 업무집행조합원이 파산한 경우
3. 조합원 전원의 동의가 있는 경우
[전문개정 2007. 8. 3.]
[제4조의 5에서 이동, 종전 제4조의 6은 제4조의 7로 이동 <2016. 5. 29.>]

제4조의 7(한국벤처 투자조합의 해산)
① 한국벤처 투자조합은 다음 각호의 어느 하나에 해당하는 사유가

있을 때는 해산한다. <개정 2010. 1. 27.>
1. 존속기간의 만료
2. 유한책임조합원 전원의 탈퇴
3. 제4조의 3 제1항 각호의 어느 하나에 해당하는 업무집행조합
   원 전원의 탈퇴
4. 그 밖에 대통령령으로 정하는 경우

② 한국벤처 투자조합에 제1항 제3호에 해당하는 사유가 발생한 경
   우에는 유한책임조합원 전원의 동의로 대통령령으로 정하는 바에
   따라 그 사유가 발생한 날부터 3개월 이내에 제4조의 3 제1항 각
   호의 어느 하나에 해당하는 업무집행조합원을 가입하게 하여 한
   국벤처 투자조합을 계속할 수 있다. <개정 2010. 1. 27.>
③ 한국벤처 투자조합이 해산하면 업무집행조합원이 청산인이 된다.
   다만, 조합의 규약으로 정하는 바에 따라 업무집행조합원 외의 자
   를 청산인으로 선임할 수 있다.
④ 한국벤처 투자조합의 해산 당시의 출자금액을 초과하는 채무가
   있으면 업무집행조합원이 그 채무를 변제하여야 한다.
[전문개정 2007. 8. 3.]
[제4조의 6에서 이동, 종전 제4조의 7은 제4조의 8로 이동 <2016. 5. 29.>]

제4조의 8(공모 한국벤처 투자조합에 관한 특례)

① 「자본시장과 금융투자업에 관한 법률」 제30조부터 제32조까지,
   제34조부터 제43조까지, 제48조, 제50조부터 제53조까지, 제56
   조, 제58조, 제60조부터 제65조까지, 제80조부터 제83조까지, 제
   85조 제2호·제3호 및 제6호부터 제8호까지, 제86조부터 제95조
   까지, 제181조부터 제183조까지, 제184조 제1항·제2항·제5항
   부터 제7항까지, 제185조부터 제187조까지, 제218조부터 제223
   조까지 및 제229조부터 제249조까지, 제249조의 2부터 제249조
   의 9까지, 제250조부터 제253조까지 및 「금융회사의 지배구조에
   관한 법률」(제24조부터 제26조까지의 규정은 제외한다)은 공모
   한국벤처 투자조합(「자본시장과 금융투자업에 관한 법률」 제9조 제
   19항에 따른 사모 집합투자기구에 해당하지 아니하는 한국벤처 투
   자조합을 말한다. 이하 같다) 및 그 업무집행조합원에 대하여는 적
   용하지 아니한다. <개정 2015. 7. 24., 2015. 7. 31., 2016. 5. 29.>
② 중소벤처기업부 장관은 공모 한국벤처 투자조합을 등록하는 경우
   에는 미리 금융위원회와 협의하여야 한다. <개정 2008. 2. 29.,
   2017. 7. 26.>

③ 금융위원회는 공익 또는 공모 한국벤처 투자조합의 조합원을 보호하기 위하여 필요한 경우에는 공모 한국벤처 투자조합에 대하여 업무에 관한 자료의 제출이나 보고를 명할 수 있고, 금융감독원의 원장으로 하여금 그 업무에 관하여 검사하게 할 수 있다. <개정 2008. 2. 29.>

④ 금융위원회는 공모 한국벤처 투자조합이 이 법 또는 이 법에 따른 명령이나 처분을 위반하거나, 「자본시장과 금융투자업에 관한 법률」 또는 같은 법에 따른 명령이나 처분을 위반한 경우 또는 「금융회사의 지배구조에 관한 법률」(제24조부터 제26조까지의 규정으로 한정한다)을 위반한 경우에는 제28조 각호의 어느 하나에 해당하는 조치를 취하도록 중소벤처기업부 장관에게 요구할 수 있고, 중소벤처기업부 장관은 특별한 사유가 없는 한 이에 응하여야 한다. 이 경우 중소벤처기업부 장관은 그 조치 내역을 금융위원회에 통보하여야 한다. <개정 2008. 2. 29., 2015. 7. 31., 2016. 5. 29., 2017. 7. 26.>

[본조신설 2007. 8. 3.]
[제4조의 7에서 이동, 종전 제4조의 8은 제4조의 9로 이동 <2016. 5. 29.>]

제4조의 9(전담회사의 설립 등)

① 정부는 중소기업과 벤처기업의 성장·발전을 위한 투자 촉진 등을 목적으로 하는 전담회사(이하 "전담회사"라 한다)를 설립할 수 있다.

② 중소벤처기업창업 및 진흥기금을 관리하는 자는 「중소기업진흥에 관한 법률」 제67조에도 불구하고 전담회사에 출자할 수 있다. <개정 2009. 1. 30., 2009. 5. 21., 2018. 12. 31.>

③ 국가나 지방자치단체는 전담회사에 대하여 조세 관련 법령으로 정하는 바에 따라 세제상의 지원을 할 수 있다.

[전문개정 2007. 8. 3.]
[제4조의 8에서 이동, 종전 제4조의 9는 제4조의 10으로 이동 <2016. 5. 29.>]

제4조의 10(전담회사의 업무 등)

① 전담회사는 다음 각호의 업무를 영위한다. <개정 2013. 3. 22.>

1. 중소기업과 벤처기업에 대한 투자를 목적으로 설립된 조합 등에 대한 출자
2. 중소기업과 벤처기업에 대한 투자
3. 해외벤처 투자자금의 유치 지원

4. 중소기업창업투자회사의 육성
5. 정부가 관련 산업의 육성을 목적으로 출연·출자 등을 통하여 조성한 투자재원의 운용
6. 제1호부터 제5호까지의 규정에 부수(附隨)되는 사업으로서 정부에서 위탁하는 사업

② 전담회사는 사업수행을 위하여 필요하면 정부, 정부가 설치한 기금 또는 국내외 금융기관으로부터 자금을 차입할 수 있다.

③ 전담회사는 자본금과 적립금총액의 10배의 범위에서 사채를 발행할 수 있다.

④ 전담회사의 정관을 변경할 때는 중소벤처기업부 장관의 인가를 받아야 한다. <개정 2017. 7. 26.>

⑤ 전담회사에 관하여 이 법에 규정한 것 외에는 「상법」 중 주식회사에 관한 규정을 준용한다.

⑥ 전담회사가 제1항 제2호의 업무를 위하여 중소기업창업투자회사로 등록하는 경우에는 「중소기업창업 지원법」 제15조 제1항 제4호와 같은 법 제16조를 적용하지 아니한다.

[전문개정 2007. 8. 3.]
[제4조의 9에서 이동 <2016. 5. 29.>]

제5조(우선적 신용보증의 실시) 기술보증기금은 벤처기업과 신기술창업 전문회사에 우선적으로 신용보증을 하여야 한다. <개정 2016. 3. 29.>

[전문개정 2007. 8. 3.]

제6조(산업재산권 등의 출자 특례)
① 벤처기업에 대한 현물출자 대상에는 특허권·실용신안권·디자인권, 그 밖에 이에 준하는 기술과 그 사용에 관한 권리(이하 "산업재산권 등"이라 한다)를 포함한다.

② 대통령령으로 정하는 기술평가기관이 산업재산권 등의 가격을 평가한 경우 그 평가 내용은 「상법」 제299조의 2와 제422조에 따라 공인된 감정인이 감정한 것으로 본다.

[전문개정 2007. 8. 3.]

제7조 삭제 <1998. 12. 30.>

제8조(외국인의 출자에 대한 특례) 「외국인투자 촉진법」 제2조 제1항 제1호의 외국인이 행하는 중소기업창업투자조합이나 한국벤처투자조합에 대한 출자는 같은 항 제4호에 따른 외국인투자로 본다.

[전문개정 2007. 8. 3.]

제9조(외국인의 주식취득 제한에 대한 특례)

① 외국인(대한민국에 6개월 이상 주소나 거소를 두지 아니한 개인을 말한다) 또는 「자본시장과 금융투자업에 관한 법률」 제9조 제16항의 외국 법인 등에 의한 벤처기업의 주식취득에 관하여는 같은 법 제168조 제1항부터 제3항까지의 규정을 적용하지 아니한다. <개정 2007. 8. 3., 2009. 1. 30.>

② 제1항에 따른 외국인 또는 외국 법인 등에 의한 벤처기업의 주식취득에 관하여는 그 벤처기업의 정관으로 정하는 바에 따라 제한할 수 있다.

[전문개정 2007. 8. 3.]

제10조 삭제 <1998. 12. 28.>

제10조의 2 삭제 <2010. 1. 27.>

제11조 삭제 <2001. 2. 3.>

제11조의 2(신기술창업 전문회사의 설립 등)

① 다음 각호의 어느 하나에 해당하는 대학이나 연구기관은 신기술창업 전문회사(이하 "전문회사"라 한다)를 설립할 수 있다. <개정 2009. 1. 30., 2011. 7. 25.>

 1. 대학(「산업교육진흥 및 산학연협력촉진에 관한 법률」 제25조에 따른 산학협력단을 포함한다)

 2. 국공립연구기관

 3. 정부출연연구기관

 4. 그 밖에 과학이나 산업기술 분야의 연구기관으로서 대통령령으로 정하는 기관

② 제1항에 따라 전문회사를 설립하는 경우 대학이나 연구기관은 대통령령으로 정하는 바에 따라 중소벤처기업부 장관에게 등록하여야 한다. 이를 변경하는 경우에도 또한 같다. <개정 2017. 7. 26.>

③ 중소벤처기업부 장관은 제2항에 따른 등록 신청이 있을 때는 그 신청내용이 다음 각호의 어느 하나에 해당하는 경우를 제외하고는 등록을 해 주어야 한다. <개정 2009. 1. 30., 2013. 3. 22., 2017. 7. 26.>

 1. 「상법」에 따른 주식회사가 아닌 경우

 2. 임원이 다음 각 목의 어느 하나에 해당하는 경우

  가. 피성년후견인 또는 피한정후견인

  나. 파산선고를 받고 복권되지 아니한 사람

  다. 금고 이상의 실형을 선고받고 그 집행이 끝나거나(끝난 것

으로 보는 경우를 포함한다) 집행을 받지 아니하기로 확정
된 후 5년이 지나지 아니한 사람
  라. 금고 이상의 형의 집행유예를 선고받고 그 유예기간이 끝
    난 날부터 2년이 지나지 아니한 사람
  마. 금고 이상의 형의 선고유예를 받고 그 유예기간 중에 있
    는 사람
  바. 법원의 판결 또는 다른 법률에 따라 자격이 상실되거나
    정지된 사람
 3. 보유인력과 보유시설이 대통령령으로 정하는 기준에 미치지
   못하는 경우
④ 전문회사는 다음 각호의 업무를 영위한다. <개정 2010. 1. 27.,
 2015. 5. 18., 2017. 7. 26.>
 1. 대학·연구기관 또는 전문회사가 보유한 기술의 사업화
 2. 제1호에 따른 기술의 사업화를 위한 자회사의 설립. 다만, 제1
   항 제1호의 대학은 자회사를 설립할 수 없다.
 3. 「중소기업창업 지원법」 제6조 제1항에 따른 창업보육센터의
   설립·운영
 4. 중소기업창업투자조합·신기술사업투자조합·한국벤처 투자
   조합 또는 제13조에 따른 개인 투자조합에 대한 출자
 4의 2. 제13조에 따른 개인 투자조합 재산의 운용
 5. 전문회사가 보유한 기술의 산업체 등으로의 이전
 6. 대학·연구기관이 보유한 기술의 산업체 등으로의 이전 알선
 7. 대학·연구기관의 교원·연구원 등이 설립한 회사에 대한 경
   영·기술 지원
 8. 제1호부터 제7호까지의 규정에 부수되는 사업으로 중소벤처
   기업부 장관이 정하는 사업
[전문개정 2007. 8. 3.]
제11조의 3(전문회사의 운영 등)
① 대학이나 연구기관은 해당 기관이 설립한 전문회사의 발행주식
 총수의 100분의 10 이상을 보유하여야 한다. <개정 2009. 1. 30.,
 2015. 5. 18.>
② 대학이나 연구기관은 전문회사를 설립할 때나 그 전문회사가 신
 주(新株)를 발행할 때에 산업재산권 등의 현물이나 현금을 출자할
 수 있다. 다만, 제11조의 2 제1항 제1호의 대학이 현금만을 출자
 하여 전문회사를 설립할 경우에는 전문회사에 보유기술을 이전하

여야 한다. <개정 2009. 1. 30.>

③ 전문회사는 그 사업을 수행하기 위하여 필요하면 정부, 정부가 설치하는 기금, 국내외 금융기관, 외국 정부 또는 국제기구로부터 자금을 차입할 수 있다.

[전문개정 2007. 8. 3.]

제11조의 4(기금의 우선지원) 중소벤처기업창업 및 진흥기금을 관리하는 자는 전문회사에 우선적으로 지원할 수 있다. <개정 2009. 1. 30., 2018. 12. 31.>

[전문개정 2007. 8. 3.]

제11조의 5(전문회사 등에 대한 특례)

① 대학이나 연구기관의 교원·연구원 또는 직원이 전문회사의 대표나 임직원으로 근무하기 위하여 휴직·겸직 또는 겸임하는 경우에는 제16조 및 제16조의 2를 준용한다.

② 대학이나 연구기관이 제11조의 3 제2항에 따라 현물을 전문회사에 출자할 경우 산업재산권 등에 대한 가격의 평가와 감정은 제6조 제2항을 준용한다.

③ 「공익법인의 설립·운영에 관한 법률」에 따른 공익법인인 연구기관이 제11조의 2 제2항에 따라 전문회사를 등록한 경우에는 30일 이내에 주무관청에 신고하여야 한다. 신고를 한 경우에는 같은 법 제4조 제3항에 따른 주무관청의 승인을 받은 것으로 본다.

④ 대학이나 연구기관은 전문회사에 대하여 산업재산권 등의 이용을 허락할 때 「기술의 이전 및 사업화 촉진에 관한 법률」 제24조 제4항 및 제5항에도 불구하고 전용 실시권을 부여할 수 있다. <신설 2010. 1. 27.>

[전문개정 2007. 8. 3.]

제11조의 6(전문회사의 행위 제한 등)

① 전문회사는 다음 각호의 어느 하나에 해당하는 행위를 하여서는 아니 된다.

　1. 「유사수신행위의 규제에 관한 법률」 제3조를 위반하여 출자자나 투자자를 모집하는 행위

　2. 해당 전문회사가 설립한 자회사와의 채무 보증 등 대통령령으로 정하는 거래행위

　3. 그 밖에 설립목적을 해치는 것으로서 대통령령으로 정하는 행위

② 전문회사는 주주총회의 특별결의에 의하여만 제11조의 2 제4항 제2호에 따른 자회사를 설립할 수 있다.

③ 대학이나 연구기관은 전문회사에 대한 투자나 출자로 발생한 배당금·수익금과 잉여금을 대학이나 연구기관의 고유목적사업이나 연구개발 및 산학협력 활동 등 대통령령으로 정하는 용도로 사용하여야 한다.
[전문개정 2007. 8. 3.]

제11조의 7(전문회사 등록의 취소) 중소벤처기업부 장관은 전문회사가 다음 각호의 어느 하나에 해당하면 그 등록을 취소할 수 있다. 다만, 제1호에 해당하는 경우에는 그 등록을 취소하여야 한다. <개정 2013. 3. 22., 2017. 7. 26., 2018. 12. 11.>

1. 거짓이나 그 밖의 부정한 방법으로 등록한 경우
2. 제11조의 6 제1항 각호의 행위를 한 경우
3. 제11조의 2 제3항 각호의 어느 하나에 해당하게 된 경우. 다만, 제11조의 2 제3항 제2호에 해당하게 된 전문회사가 그 사유가 발생한 날부터 3개월 이내에 그 사유를 해소한 경우는 제외한다.

[전문개정 2007. 8. 3.]

제12조(중소기업창업투자조합의 운영에 관한 특례) 「중소기업창업지원법」 제21조부터 제29조까지의 규정에 따라 중소기업창업투자조합의 업무를 집행하는 업무집행조합원은 중소기업창업투자조합과의 계약에 따라 그 업무의 전부 또는 일부를 그 중소기업창업투자조합의 유한책임조합원에게 위탁할 수 있다.
[전문개정 2007. 8. 3.]

제13조(개인투자조합의 결성 등)

① 벤처기업과 창업자에 투자할 목적으로 다음 각호의 어느 하나에 해당하는 자가 출자하여 결성하는 조합으로서 이 법에 따른 지원을 받으려는 조합은 대통령령으로 정하는 바에 따라 중소벤처기업부 장관에게 등록하여야 한다. 등록한 사항을 변경하려는 경우에도 또한 같다. <개정 2015. 5. 18., 2017. 7. 26.>

1. 개인
2. 다음 각 목의 어느 하나에 해당하는 자로서 투자 목적과 출자 규모 등 대통령령으로 정하는 기준을 갖춘 자
   가. 전문회사
   나. 모태조합 또는 한국벤처 투자조합
   다. 중소기업에 대한 창업지원 및 투자를 하는 기관으로서 중소벤처기업부 장관이 정하여 고시하는 기관

② 제1항에 따라 등록한 조합(이하 "개인 투자조합"이라 한다)은 개

인 투자조합의 업무를 집행하며 조합의 채무에 대하여 무한책임을 지는 1인 이상의 업무집행조합원과 출자액을 한도로 하여 유한책임을 지는 유한책임조합원으로 구성한다. 다만, 업무집행조합원은 금융거래 등 상거래를 할 때 정당한 사유 없이 약정기일을 3개월 이상 지난 채무가 1천만 원을 초과하여서는 아니 된다. <개정 2016. 5. 29.>

③ 제1항 각호의 자가 제1항에 따라 조합을 결성하려는 경우에는 「자본시장과 금융투자업에 관한 법률」 제9조 제8항에 따른 사모의 방법으로만 조합가입을 권유하여야 한다. <신설 2007. 8. 3., 2013. 3. 22., 2015. 5. 18., 2016. 5. 29.>

④ 개인 투자조합의 출자금액, 조합원 수 및 존속기간을 포함한 등록요건과 그 운영 등에 필요한 사항은 대통령령으로 정한다. <개정 2013. 3. 22., 2016. 5. 29.>

⑤ 업무집행조합원은 개인 투자조합의 자금을 벤처기업과 창업자에 대한 투자에 사용하여야 한다. 다만, 「자본시장과 금융투자업에 관한 법률」 제8조의 2 제4항 제1호에 따른 증권시장으로서 중소벤처기업부 장관이 정하는 시장에 상장된 법인에 대한 투자는 개인 투자조합의 자금으로 할 수 없다. <신설 2013. 3. 22., 2016. 5. 29., 2017. 7. 26.>

⑥ 업무집행조합원은 선량한 관리자로서 출자자의 이익을 위하여 개인 투자조합의 자산을 관리하여야 한다. <신설 2016. 5. 29.>

⑦ 업무집행조합원은 개인 투자조합의 업무를 집행할 때 자금차입·지급보증 또는 담보를 제공하는 행위를 하여서는 아니 되며, 개인 투자조합의 규약에서 달리 정하는 경우 외에는 그 지위를 양도하여서는 아니 된다. <개정 2013. 3. 22., 2016. 5. 29.>

⑧ 업무집행조합원은 다음 각호의 어느 하나에 해당하는 경우에 한정하여 개인 투자조합을 탈퇴할 수 있다. <신설 2016. 5. 29., 2017. 7. 26.>
   1. 전문회사의 등록이 취소되거나 말소된 경우
   2. 업무집행조합원이 파산한 경우
   3. 조합원 전원의 동의가 있는 경우
   4. 개인인 업무집행조합원이 사망한 경우
   5. 그 밖에 중소벤처기업부 장관이 정하는 경우

⑨ 개인 투자조합은 다음 각호의 어느 하나에 해당하는 사유가 있을 때에는 해산한다. 다만, 제3호에 해당하는 사유가 발생한 경우에

는 유한책임조합원 전원의 동의로 유한책임조합원 중 1인을 업무
집행조합원으로 선임하거나 제1항 각호의 어느 하나에 해당하는
업무집행조합원을 가입하게 하여 개인 투자조합을 계속할 수 있
다. <개정 2013. 3. 22., 2016. 5. 29.>
  1. 존속기간의 만료
  2. 조합원 전원의 탈퇴
  3. 제8항 각호의 어느 하나에 해당함에 따른 업무집행조합원 전
     원의 탈퇴
  4. 그 밖에 대통령령으로 정하는 사유
⑩ 개인 투자조합이 해산하는 경우에는 업무집행조합원이 청산인이 된
  다. 다만, 조합의 규약으로 정하는 바에 따라 업무집행조합원 외의
  자를 청산인으로 선임할 수 있다. <개정 2013. 3. 22., 2016. 5. 29.>
⑪ 개인 투자조합에 관하여 이 법에 규정한 것 외에는 「상법」 중 합
  자 조합에 관한 규정을 준용한다. 다만, 「상법」 제86조의 4 및 제
  86조의 9는 준용하지 아니한다. <신설 2016. 5. 29.>
[전문개정 2007. 8. 3.]

제13조의 2(개인 투자조합의 업무 집행 및 운영 등)

① 업무집행조합원의 개인 투자조합 업무의 집행에 관하여는 제4조
  의 4를 준용한다. 이 경우 "한국벤처 투자조합"은 "개인 투자조
  합"으로 본다. <신설 2016. 5. 29.>
② 출자금 총액이 중소벤처기업부 장관이 정하는 규모 이상인 조합
  의 업무집행조합원은 개인 투자조합 재산을 다음 각호에서 정하
  는 바에 따라 관리하여야 한다. <신설 2013. 3. 22., 2016. 5. 29.,
  2017. 7. 26.>
  1. 개인 투자조합 재산의 보관을 「자본시장과 금융투자업에 관한
     법률」에 따른 신탁업자(이하 "신탁업자"라 한다)에 위탁할 것
  2. 신탁업자를 변경하는 경우에는 조합원 총회의 승인을 받을 것
③ 제2항에 따라 개인 투자조합 재산을 위탁받은 신탁업자는 다음
  각호의 업무를 수행한다. <신설 2013. 3. 22., 2016. 5. 29.>
  1. 개인 투자조합 재산의 보관 및 관리
  2. 업무집행조합원의 개인 투자조합 재산 운용 지시에 따른 자산
     의 취득 및 처분의 이행
④ 중소벤처기업부 장관은 개인 투자조합의 업무집행조합원이 조합
  자산을 운용할 때 벤처기업이나 창업자에 투자되지 아니한 조합
  자산에 대하여 「은행법」에 따른 은행에 예치하거나 국공채를 매

입하는 방법으로 운용하도록 유도할 수 있다. <개정 2010. 5. 17., 2013. 3. 22., 2016. 5. 29., 2017. 7. 26.>

⑤ 개인 투자조합의 업무집행조합원은 매 사업연도가 지난 후 3개월 이내에 결산서에 공인회계사의 감사의견서를 첨부하여 중소벤처기업부 장관에게 제출하여야 한다. 다만, 전년도 투자실적의 변동이 없는 조합인 경우에는 중소벤처기업부 장관이 고시로 정하는 자료로 이를 갈음할 수 있다. <개정 2013. 3. 22., 2016. 5. 29., 2017. 7. 26.>

[전문개정 2007. 8. 3.]
[제목개정 2016. 5. 29.]

제13조의 3(등록의 취소 등)

① 중소벤처기업부 장관은 개인 투자조합이 다음 각호의 어느 하나에 해당하면 그 등록을 취소할 수 있다. 다만, 제1호에 해당하는 경우에는 그 등록을 취소하여야 한다. <개정 2013. 3. 22., 2016. 5. 29., 2017. 7. 26.>

1. 거짓이나 그 밖의 부정한 방법으로 등록한 경우
2. 「유사수신행위의 규제에 관한 법률」 제3조를 위반하여 조합원을 모집한 경우
3. 제13조 제2항 단서를 위반한 경우
4. 제13조 제3항을 위반하여 조합가입을 권유한 경우
5. 제13조 제4항에 따른 등록 요건에 맞지 아니하게 된 경우
6. 제13조 제5항을 위반하여 자금을 투자한 경우
7. 제13조 제7항에 따른 자금차입·지급보증 또는 담보제공 금지의무를 위반한 경우
8. 제13조의 2 제1항을 위반하여 업무를 집행한 경우
9. 제13조의 2 제2항을 위반하여 재산을 관리한 경우
10. 제13조의 2 제5항을 위반하여 결산서를 제출하지 아니한 경우
11. 제26조 제3항에 따른 확인 및 검사를 거부·방해하거나 기피한 경우 또는 보고를 하지 아니하거나 거짓으로 보고한 경우
12. 제2항 제1호에 따른 중소벤처기업부 장관의 시정명령을 이행하지 아니한 경우

② 중소벤처기업부 장관은 개인 투자조합이 제1항 각호(같은 항 제1호 및 제12호는 제외한다)의 어느 하나에 해당하는 경우에는 다음 각호의 어느 하나에 해당하는 조치를 할 수 있다. <신설 2015. 5. 18., 2016. 5. 29., 2017. 7. 26.>

1. 시정명령
2. 경고
3. 주의
③ 중소벤처기업부 장관은 개인 투자조합이 제1항 각호(같은 항 제1호 및 제12호는 제외한다)의 어느 하나에 해당하는 경우에는 그 업무집행조합원에 대하여 다음 각호의 어느 하나에 해당하는 조치를 할 수 있다. <신설 2015. 5. 18., 2016. 5. 29., 2017. 7. 26.>
1. 경고
2. 주의
④ 중소벤처기업부 장관은 제3항의 조치를 하는 경우 업무집행조합원이 제13조 제1항 제2호에 따른 자인 때에는 해당 업무집행조합원의 임직원에 대해서도 다음 각호의 어느 하나에 해당하는 조치를 할 수 있다. <신설 2015. 5. 18., 2017. 7. 26.>
1. 해임요구
2. 경고
3. 주의
[전문개정 2007. 8. 3.]
[제목개정 2015. 5. 18.]

제14조(조세에 대한 특례)

① 국가나 지방자치단체는 벤처기업을 육성하기 위하여 「조세특례제한법」, 「지방세특례제한법」, 그 밖의 관계 법률로 정하는 바에 따라 소득세·법인세·취득세·재산세 및 등록면허세 등을 감면할 수 있다. <개정 2010. 3. 31.>
② 개인이나 개인 투자조합이 벤처기업에 투자할 경우에는 조세에 관한 법률로 정하는 바에 따라 소득세 등을 감면할 수 있다. 이 경우 구체적인 투자대상 및 감면 절차 등은 대통령령으로 정한다.
③ 다음 각호의 경우에는 조세에 관한 법률로 정하는 바에 따라 세제 지원을 할 수 있다. 이 경우 세제 지원대상의 확인 등에 필요한 사항은 대통령령으로 정한다.
1. 주식회사인 벤처기업과 다른 주식회사의 주주 또는 주식회사인 다른 벤처기업이 주식교환을 하는 경우
2. 주식회사인 벤처기업과 다른 주식회사가 합병을 하는 경우
[전문개정 2007. 8. 3.]

제3절 기업 활동과 인력 공급의 원활화 <개정 2007. 8. 3., 2016. 12. 2.>

제15조(벤처기업의 주식교환)

① 주식회사인 벤처기업(「자본시장과 금융투자업에 관한 법률」제8조의 2 제4항 제1호에 따른 증권시장에 상장된 법인은 제외한다. 이하 이 조, 제15조의 2부터 제15조의 11까지 및 제16조의 3에서 같다)은 전략적 제휴를 위하여 정관으로 정하는 바에 따라 자기주식을 다른 주식회사의 주요주주(해당 법인의 의결권 있는 발행주식 총수의 100분의 10 이상을 보유한 주주를 말한다. 이하 같다) 또는 주식회사인 다른 벤처기업의 주식과 교환할 수 있다. <개정 2007. 8. 3., 2009. 1. 30., 2013. 5. 28.>

② 제1항에 따라 주식교환을 하려는 벤처기업은 「상법」제341조에도 불구하고 제1항에 따른 주식교환에 필요한 주식에 대하여는 자기의 계산으로 자기주식을 취득하여야 한다. 이 경우 그 취득금액은 같은 법 제462조 제1항에 따른 이익배당이 가능한 한도 이내이어야 한다.

③ 제1항에 따라 주식교환을 하려는 벤처기업은 다음 각호의 사항이 포함된 주식교환계약서를 작성하여 주주총회의 승인을 받아야 한다. 이 경우 주주총회의 승인 결의에 관하여는 「상법」제434조를 준용한다.

  1. 전략적 제휴의 내용
  2. 자기주식의 취득 방법, 취득 가격 및 취득 시기에 관한 사항
  3. 교환할 주식의 가액총액·평가·종류 및 수량에 관한 사항
  4. 주식교환을 할 날
  5. 다른 주식회사의 주요주주와 주식을 교환할 경우 주주의 성명, 주민등록번호, 교환할 주식의 종류 및 수량

④ 제1항에 따라 주식교환을 하려는 벤처기업은 그에 관한 이사회의 결의가 있을 때는 즉시 결의내용을 주주에게 통보하고, 제3항에 따른 주식교환계약서를 갖추어 놓아 열람할 수 있도록 하여야 한다.

⑤ 벤처기업이 제1항에 따른 주식교환에 따라 다른 주식회사의 주요주주의 주식이나 다른 벤처기업의 주식을 취득한 경우에는 취득일부터 1년 이상 이를 보유하여야 한다. 제1항에 따른 주식교환에 따라 벤처기업의 주식을 취득한 다른 주식회사의 주요주주의 경우에도 또한 같다.

⑥ 제2항에 따른 자기주식의 취득 기간은 제3항의 주주총회 승인 결

의일부터 6개월 이내이어야 한다.

[전문개정 2007. 8. 3.]

제15조의 2(반대 주주의 주식매수청구권)

① 제15조 제3항에 따른 주주총회 승인 결의 전에 그 벤처기업에 서면으로 주식교환을 반대하는 의사를 알린 주주는 주주총회 승인 결의일부터 10일 이내에 자기가 보유한 주식의 매수를 서면으로 청구할 수 있다.

② 제1항에 따라 매수청구를 받은 벤처기업은 청구를 받은 날부터 2개월 이내에 그 주식을 매수하여야 한다. 이 경우 그 주식은 6개월 이내에 처분하여야 한다.

③ 제2항에 따른 주식의 매수가격의 결정에 관하여는 「상법」 제374조의 2 제3항부터 제5항까지의 규정을 준용한다.

[전문개정 2007. 8. 3.]

제15조의 3(합병 절차의 간소화 등)

① 주식회사인 벤처기업이 다른 주식회사와 합병결의(제15조의 9에 따른 소규모합병 및 제15조의 10에 따른 간이합병의 경우에는 이사회의 승인 결의를 말한다)를 한 경우에는 채권자에게 「상법」 제527조의 5 제1항에도 불구하고 그 합병결의를 한 날부터 1주 내에 합병에 이의가 있으면 10일 이상의 기간 내에 이를 제출할 것을 공고하고, 알고 있는 채권자에게는 공고사항을 최고(催告)하여야 한다.

② 주식회사인 벤처기업이 합병결의를 위한 주주총회 소집을 알릴 때는 「상법」 제363조 제1항에도 불구하고 그 통지일을 주주총회일 7일 전으로 할 수 있다.

③ 주식회사인 벤처기업이 다른 주식회사와 합병하기 위하여 합병계약서 등을 공시할 때는 「상법」 제522조의 2 제1항에도 불구하고 그 공시 기간을 합병승인을 위한 주주총회일 7일 전부터 합병한 날 이후 1개월이 지나는 날까지로 할 수 있다.

④ 주식회사인 벤처기업의 합병에 관하여 이사회가 결의한 때에 그 결의에 반대하는 벤처기업의 주주는 「상법」 제522조의 3 제1항에도 불구하고 주주총회 전에 벤처기업에 대하여 서면으로 합병에 반대하는 의사를 알리고 자기가 소유하고 있는 주식의 종류와 수를 적어 주식의 매수를 청구하여야 한다.

⑤ 벤처기업이 제4항에 따른 청구를 받은 경우에는 「상법」 제374조의 2 제2항 및 제530조 제2항에도 불구하고 합병에 관한 주주총

회의 결의일부터 2개월 이내에 그 주식을 매수하여야 한다.

⑥ 제5항에 따른 주식 매수가액의 결정에 관하여는 「상법」 제374조의 2 제3항부터 제5항까지의 규정을 준용한다. 이 경우 같은 법 제374조의 2 제4항 중 "제1항의 청구를 받은 날"은 "합병에 관한 주주총회의 결의일"로 본다.

[전문개정 2007. 8. 3.]

제15조의 4(신주발행에 의한 주식교환 등)

① 주식회사인 벤처기업은 전략적 제휴를 위하여 정관으로 정하는 바에 따라 신주를 발행하여 다른 주식회사의 주요주주의 주식이나 주식회사인 다른 벤처기업의 주식과 교환할 수 있다. 이 경우 다른 주식회사의 주요주주나 주식회사인 다른 벤처기업은 벤처기업이 주식교환을 위하여 발행하는 신주를 배정받음으로써 그 벤처기업의 주주가 된다.

② 제1항에 따른 주식교환을 하려는 벤처기업은 다음 각호의 사항이 포함된 주식교환계약서를 작성하여 주주총회의 승인을 받아야 한다. 이 경우 주주총회의 승인 결의에 관하여는 「상법」 제434조를 준용한다.

1. 전략적 제휴의 내용
2. 교환할 신주의 가액·총액·평가·종류·수량 및 배정에 관한 사항
3. 주식교환을 할 날
4. 다른 주식회사의 주요주주와 주식을 교환할 경우 주주의 성명, 주민등록번호, 교환할 주식의 종류 및 수량

③ 제1항에 따른 주식교환을 통하여 다른 주식회사의 주요주주가 보유한 주식이나 주식회사인 다른 벤처기업이 보유한 주식을 벤처기업에 현물로 출자하는 경우 대통령령으로 정하는 공인평가기관이 그 주식의 가격을 평가한 때에는 「상법」 제422조 제1항에 따라 검사인이 조사를 한 것으로 보거나 공인된 감정인이 감정한 것으로 본다. 이 경우 「상법」 제422조 제3항 및 제4항은 적용하지 아니한다. <개정 2016. 5. 29.>

④ 제1항에 따라 주식교환을 하는 경우에는 제15조 제4항 및 제5항을 준용한다.

[전문개정 2007. 8. 3.]

제15조의 5(신주발행 주식교환 시 주식매수청구권) 제15조의 4에 따른 주식교환에 반대하는 주주의 주식매수청구권에 관하여는 제

15조의 2 제1항부터 제3항까지의 규정을 준용한다.

[전문개정 2007. 8. 3.]

제15조의 6(주식교환의 특례)

① 벤처기업이 제15조나 제15조의 4에 따라 주식교환을 하는 경우 그 교환하는 주식의 수가 발행주식 총수의 100분의 50을 초과하지 아니하면 주주총회의 승인은 정관으로 정하는 바에 따라 이사회의 승인으로 갈음할 수 있다.

② 제1항에 따라 주식교환을 하려는 벤처기업은 주식교환계약서에 제15조 제3항이나 제15조의 4 제2항에 따른 주주총회의 승인을 받지 아니하고 주식교환을 할 수 있다는 뜻을 적어야 한다.

③ 벤처기업은 주식교환계약서를 작성한 날부터 2주 이내에 다음 각 호의 사항을 공고하거나 주주에게 알려야 한다.

1. 주식교환계약서의 주요 내용

2. 주주총회의 승인을 받지 아니하고 주식교환을 한다는 뜻

④ 벤처기업의 발행주식 총수의 100분의 20 이상에 해당하는 주식을 소유한 주주가 제3항에 따른 공고나 통지가 있었던 날부터 2주 이내에 서면으로 제1항에 따른 주식교환에 반대하는 의사를 알린 경우에는 이 조에 따른 주식교환을 할 수 없다.

⑤ 제1항에 따른 주식교환의 경우에는 제15조의 2나 제15조의 5를 적용하지 아니한다.

[전문개정 2007. 8. 3.]

제15조의 7(주식교환 무효의 소) 제15조나 제15조의 4에 따른 주식교환 무효의 소(訴)에 관하여는 「상법」 제360조의 14를 준용한다. 이 경우 「상법」 제360조의 14 제2항 중 "완전 모회사가 되는 회사"는 "벤처기업"으로 보고, 같은 조 제3항 중 "완전 모회사가 된 회사"는 "벤처기업"으로, "완전 자회사가 된 회사"는 "주식회사인 다른 벤처기업"으로 본다.

[전문개정 2007. 8. 3.]

제15조의 8(다른 주식회사 영업양수의 특례)

① 주식회사인 벤처기업이 영업의 전부 또는 일부를 다른 주식회사(「자본시장과 금융투자업에 관한 법률」 제8조의 2 제4항 제1호에 따른 증권시장에 상장된 법인은 제외한다. 이하 이 조, 제15조의 9부터 제15조의 11까지의 규정에서 같다)에 양도하는 경우 그 양도가액이 다른 주식회사의 최종 대차대조표상으로 현존하는 순자산액의 100분의 10을 초과하지 아니하면 다른 주식회사 주주총회

의 승인은 정관으로 정하는 바에 따라 이사회의 승인으로 갈음할 수 있다. <개정 2007. 8. 3., 2009. 1. 30., 2013. 5. 28.>

② 제1항에 따른 경우에는 영업양도·양수계약서에 다른 주식회사에 관하여는 주주총회의 승인을 받지 아니하고 벤처기업 영업의 전부 또는 일부를 양수할 수 있다는 뜻을 적어야 한다.

③ 제1항에 따라 벤처기업 영업의 전부 또는 일부를 양수하려는 다른 주식회사는 영업양도·양수계약서를 작성한 날부터 2주 이내에 다음 각호의 사항을 공고하거나 주주에게 알려야 한다.

1. 영업양도·양수계약서의 주요 내용
2. 주주총회의 승인을 받지 아니하고 영업을 양수한다는 뜻

④ 다른 주식회사의 발행주식 총수의 100분의 20 이상에 해당하는 주식을 소유한 주주가 제3항에 따른 공고나 통지가 있었던 날부터 2주 이내에 서면으로 제1항에 따른 영업양수를 반대하는 의사를 알린 경우에는 이 조에 따른 영업양수를 할 수 없다.

⑤ 제1항에 따른 영업양수의 경우에는 「상법」 제374조의 2를 적용하지 아니한다.

[전문개정 2007. 8. 3.]

제15조의 9(벤처기업 소규모합병의 특례)

① 주식회사인 벤처기업이 다른 주식회사와 합병을 하는 경우 「상법」 제527조의 3 제1항에도 불구하고 합병 후 존속하는 회사가 합병으로 인하여 발행하는 신주의 총수가 그 주식회사의 발행주식 총수의 100분의 20 이하인 때에는 그 존속하는 회사의 주주총회 승인은 이사회의 승인으로 갈음할 수 있다. 다만, 합병으로 인하여 소멸하는 회사의 주주에게 지급할 금액을 정한 경우에 그 금액이 존속하는 회사의 최종 대차대조표상으로 현존하는 순자산액의 100분의 5를 초과하는 때에는 그러하지 아니하다. <개정 2013. 8. 6.>

② 제1항에 따른 합병에 반대하는 주주의 주식매수청구권은 인정하지 아니한다.

[본조신설 2007. 8. 3.]

제15조의 10(벤처기업 간이합병의 특례)

① 주식회사인 벤처기업이 다른 주식회사와 합병을 하는 경우 「상법」 제527조의 2 제1항에도 불구하고 합병 후 존속하는 회사가 소멸회사의 발행주식 총수 중 의결권 있는 주식의 100분의 80 이상을 보유하는 경우에는 그 소멸하는 회사의 주주총회 승인은 이사회의 승인으로 갈음할 수 있다. <개정 2013. 8. 6.>

② 제1항에 따른 합병에 반대하는 주주의 주식매수청구권에 관하여 는「상법」제522조의 3 제2항에 따른다.

[본조신설 2007. 8. 3.]

제15조의 11(간이영업양도)

① 주식회사인 벤처기업이 영업의 전부 또는 일부를 다른 주식회사 에 양도하는 경우「상법」제374조에도 불구하고 영업을 양도하는 회사의 총주주 동의가 있거나 영업을 양도하는 회사의 발행주식 총수 중 의결권 있는 주식의 100분의 90 이상을 다른 주식회사가 보유하는 경우에는 영업을 양도하는 회사 주주총회의 승인은 이 사회의 승인으로 갈음할 수 있다.

② 제1항의 경우에는 영업양도·양수계약서에 영업을 양도하는 회사 에 관하여는 주주총회의 승인을 받지 아니하고 벤처기업 영업의 전부 또는 일부를 양도할 수 있다는 뜻을 적어야 한다.

③ 제1항에 따라 벤처기업 영업의 전부 또는 일부를 양도하려는 회 사는 영업양도·양수계약서를 작성한 날부터 2주 이내에 다음 각 호의 사항을 공고하거나 주주에게 알려야 한다.

　1. 영업양도·양수계약서의 주요 내용

　2. 주주총회의 승인을 받지 아니하고 영업을 양도한다는 뜻

④ 제3항의 공고 또는 통지를 한 날부터 2주 이내에 회사에 대하여 서면으로 영업양도에 반대하는 의사를 통지한 주주는 그 2주의 기간이 지난날부터 20일 이내에 주식의 종류와 수를 기재한 서면 으로 회사에 대하여 자기가 소유하고 있는 주식의 매수를 청구할 수 있다.

⑤ 제4항의 매수청구에 관하여는「상법」제374조의 2 제2항부터 제5 항까지의 규정을 준용한다.

[본조신설 2009. 1. 30.]

[종전 제15조의 11은 제15조의 12로 이동 <2009. 1. 30.>]

제15조의 12(준용규정) 제15조, 제15조의 2부터 제15조의 11까지, 제24조 제1항 제4호는 창업자에 관하여 준용한다. 이 경우 "벤처 기업"은 "창업자"로 본다. <개정 2009. 1. 30.>

[본조신설 2007. 8. 3.]

[제15조의 11에서 이동 <2009. 1. 30.>]

제15조의 13(중소벤처기업 인수합병 지원센터의 지정)

① 중소벤처기업부 장관은 중소벤처기업의 인수합병을 효율적으로 지원하기 위하여 중소기업지원 관련 기관 또는 단체를 중소벤처

기업 인수합병 지원센터(이하 "지원센터"라 한다)로 지정할 수 있다. <개정 2017. 7. 26.>

② 지원센터의 업무는 다음 각호와 같다. <개정 2017. 7. 26.>
  1. 중소벤처기업의 인수합병계획 수립 지원에 관한 사항
  2. 중소벤처기업의 인수합병을 위한 기업정보의 수집·제공 및 컨설팅 지원에 관한 사항
  3. 중소벤처기업의 기업가치평가모델 개발 및 보급에 관한 사항
  4. 중소벤처기업의 인수합병에 필요한 자금의 연계지원에 관한 사항
  5. 중소벤처기업의 인수합병 전문가 양성 및 교육에 관한 사항
  6. 그 밖에 중소벤처기업의 인수합병 촉진을 위하여 중소벤처기업부 장관이 정하는 사항

③ 중소벤처기업부 장관은 지원센터의 운영에 드는 경비의 전부 또는 일부를 지원할 수 있다.
<개정 2017. 7. 26.>

④ 제1항부터 제3항까지 규정한 사항 외에 지원센터의 지정기준, 지정절차 및 운영 등에 필요한 사항은 대통령령으로 정한다.

[본조신설 2009. 1. 30.]

제15조의 14(지원센터의 지정취소) 중소벤처기업부 장관은 지원센터가 다음 각호의 어느 하나에 해당하는 경우에는 그 지정을 취소할 수 있다. 다만, 제1호에 해당하는 경우에는 그 지정을 취소하여야 한다. <개정 2017. 7. 26.>
  1. 거짓이나 그 밖의 부정한 방법으로 지정을 받은 경우
  2. 제15조의 13 제4항에 따른 지정기준에 미달하게 되는 경우
  3. 지정받은 업무를 정당한 사유 없이 1개월 이상 수행하지 아니한 경우

[본조신설 2009. 1. 30.]

제16조(교육공무원 등의 휴직 허용)

① 다음 각호의 어느 하나에 해당하는 자(이하 "교육공무원 등"이라 한다)는 「교육공무원법」 제44조 제1항, 「국가공무원법」 제71조 제2항, 「지방공무원법」 제63조 제2항 및 「사립학교법」 제59조 제1항에도 불구하고 벤처기업 또는 창업자의 대표자나 임원으로 근무하기 위하여 휴직할 수 있다. <개정 2013. 3. 22., 2015. 5. 18., 2018. 3. 13.>
  1. 「고등교육법」에 따른 대학(산업대학과 전문대학을 포함한다.

이하 같다)의 교원(대학부설 연구소의 연구원을 포함한다. 이하 같다)

2. 국공립연구기관의 연구원(「한국과학기술원법」 제15조, 「광주과학기술원법」 제14조, 「대구경북과학기술원법」 제12조의 3 및 「울산과학기술원법」 제8조에 따른 교원 및 연구원을 포함한다. 이하 같다)

3. 「과학기술분야 정부출연연구기관 등의 설립·운영 및 육성에 관한 법률」 제8조 제1항에 따른 연구기관의 연구원(부설 연구소의 연구원을 포함한다. 이하 같다)

4. 「산업기술혁신 촉진법」 제42조에 따른 전문생산기술연구소의 연구원

② 「공공기관의 운영에 관한 법률」 제4조 제1항에 따른 공공기관(이 조 제1항 제3호의 연구기관은 제외한다)의 연구원은 그 소속 기관의 장의 허가를 받아 벤처기업 또는 창업자의 대표자나 임원으로 근무하기 위하여 휴직할 수 있다. <신설 2015. 5. 18.>

③ 제1항 또는 제2항에 따른 휴직 기간은 5년(창업 준비 기간 6개월을 포함한다) 이내로 한다. 다만, 소속 기관의 장이 필요하다고 인정하면 1년 이내에서 휴직 기간을 연장할 수 있다. 이 경우 대학 교원의 휴직 기간은 「교육공무원법」 제45조 제2항에도 불구하고 임용 기간 중의 잔여기간을 초과할 수 있다. <개정 2009. 1. 30., 2014. 12. 30., 2015. 5. 18.>

④ 제1항 또는 제2항에 따라 대학의 교원이나 공공연구기관·공공기관의 연구원이 6개월 이상 휴직하는 경우에는 휴직일부터 그 대학이나 공공연구기관·공공기관에 그 휴직자의 수에 해당하는 교원이나 연구원의 정원이 따로 있는 것으로 본다. <개정 2013. 3. 22., 2015. 5. 18.>

⑤ 제1항 또는 제2항에 따라 교원이나 공공연구기관·공공기관의 연구원 등이 휴직한 후 복직하는 경우 해당 소속 기관의 장은 그 휴직으로 인하여 신분 및 급여상의 불이익을 주어서는 아니 된다. <신설 2013. 3. 22., 2015. 5. 18.>

[전문개정 2007. 8. 3.]

[제목개정 2013. 3. 22.]

제16조의 2(교육공무원 등의 겸임이나 겸직에 관한 특례)

① 교육공무원 등 또는 대통령령으로 정하는 정부출연연구기관(국방 분야의 연구기관은 제외한다)의 연구원은 다음 각호의 어느 하나에

해당하지 아니하는 경우 그 소속 기관의 장의 허가를 받아 벤처기업 또는 「중소기업창업 지원법」 제2조 제2호에 따른 창업자의 대표자나 임직원을 겸임하거나 겸직할 수 있다. <개정 2013. 3. 22.>

1. 전공, 보유기술 및 직무 경험 등과 무관한 분야에 겸임·겸직하고자 하는 경우
2. 공무원으로서 직무상의 능률을 저해할 우려가 있는 경우

② 제1항에 따른 소속 기관의 장의 허가를 받은 경우에는 「교육공무원법」 제18조 제1항과 「협동연구개발 촉진법」 제6조 제4항에 따른 겸임 및 겸직허가를 받은 것으로 본다.

[전문개정 2007. 8. 3.]

제16조의 3(벤처기업의 주식매수선택권)

① 주식회사인 벤처기업은 「상법」 제340조의 2부터 제340조의 5까지의 규정에도 불구하고 정관으로 정하는 바에 따라 주주총회의 결의가 있으면 다음 각호의 어느 하나에 해당하는 자 중 해당 기업의 설립 또는 기술·경영의 혁신 등에 기여하였거나 기여할 능력을 갖춘 자에게 특별히 유리한 가격으로 신주를 매수할 수 있는 권리나 그 밖에 대통령령으로 정하는 바에 따라 해당 기업의 주식을 매수할 수 있는 권리(이하 이 조에서 "주식매수선택권"이라 한다)를 부여할 수 있다. 이 경우 주주총회의 결의는 「상법」 제434조를 준용한다. <개정 2013. 8. 6.>

1. 벤처기업의 임직원(대통령령으로 정하는 자는 제외한다)
2. 기술이나 경영능력을 갖춘 자로서 대통령령으로 정하는 자
3. 대학 또는 대통령령으로 정하는 연구기관
4. 벤처기업이 인수한 기업(발행주식 총수의 100분의 30 이상을 인수한 경우만 해당한다)의 임직원

② 제1항의 주식매수선택권에 관한 정관의 규정에는 다음 각호의 사항을 포함하여야 한다.

1. 일정한 경우 주식매수선택권을 부여할 수 있다는 뜻
2. 주식매수선택권의 행사로 내줄 주식의 종류와 수
3. 주식매수선택권을 부여받을 자의 자격요건
4. 주식매수선택권의 행사 기간
5. 일정한 경우 주식매수선택권의 부여를 이사회의 결의에 의하여 취소할 수 있다는 뜻

③ 제1항에 따른 주주총회의 특별결의에서는 다음 각호의 사항을 정하여야 한다.

1. 주식매수선택권을 부여받을 자의 성명이나 명칭
2. 주식매수선택권의 부여 방법
3. 주식매수선택권의 행사 가격과 행사 기간
4. 주식매수선택권을 부여받을 자 각각에 대하여 주식매수선택권의 행사로 내줄 주식의 종류와 수

④ 제3항에도 불구하고 제2항 제2호에 따른 주식 총수의 100분의 20 이내에 해당하는 주식을 해당 벤처기업의 임직원 외의 자에게 주식매수선택권으로 부여하는 경우에는 주주총회의 특별결의로 제3항 제1호 및 제4호의 사항을 그 벤처기업의 이사회에서 정하게 할 수 있다. 이 경우 주식매수선택권을 부여한 후 처음으로 소집되는 주주총회의 승인을 받아야 한다. <개정 2014. 12. 30.>

⑤ 주식매수선택권을 부여하려는 벤처기업은 제3항과 제4항에 따른 결의를 한 경우 대통령령으로 정하는 바에 따라 중소벤처기업부장관에게 그 내용을 신고하여야 한다. <개정 2017. 7. 26.>

⑥ 제1항 또는 제4항에 따라 주식매수선택권을 부여받은 자는 중소벤처기업부령으로 정하는 경우를 제외하고는 제1항에 따른 결의가 있는 날 또는 제4항에 따라 이사회에서 정한 날부터 2년 이상 재임하거나 재직하여야 이를 행사할 수 있다. <개정 2014. 12. 30., 2017. 7. 26.>

⑦ 주식매수선택권은 타인에게 양도할 수 없다. 다만, 주식매수선택권을 부여받은 자가 사망한 때에는 그 상속인이 이를 부여받은 것으로 본다. <신설 2014. 12. 30.>

⑧ 주식매수선택권의 행사로 신주를 발행하는 경우에는 「상법」 제350조 제2항, 제350조 제3항 후단, 제351조, 제516조의 9 제1항·제3항·제4항 및 제516조의 10 전단을 준용한다. <신설 2014. 12. 30.>

⑨ 주식매수선택권을 부여한 벤처기업이 주식매수선택권을 부여받은 자에게 내줄 목적으로 자기주식을 취득하는 경우에는 「상법」 제341조의 2 제1항 본문에도 불구하고 발행주식 총수의 100분의 10을 초과할 수 있다. <개정 2014. 12. 30.>

⑩ 주식매수선택권의 부여 한도 등에 관하여 필요한 사항은 대통령령으로 정한다. <개정 2014. 12. 30.>

[전문개정 2007. 8. 3.]

제16조의 4(벤처기업에 대한 정보 제공)

① 정부는 벤처기업의 창업 및 영업 활동과 관련된 투자·자금·인력·기술·판로 및 입지 등에 관한 정보를 제공하거나 그 밖에

벤처기업의 정보화를 촉진하기 위한 지원을 할 수 있다.

② 중소벤처기업부 장관은 중앙행정기관의 장, 지방자치단체의 장 또는 「공공기관의 운영에 관한 법률」의 적용을 받는 공공기관의 장에게 제1항에 따른 정보 제공에 필요한 자료를 요청할 수 있다. <개정 2017. 7. 26.>

③ 중소벤처기업부 장관은 벤처기업에 대한 개인이나 개인 투자조합 (이하 이 항에서 "개인 등"이라 한다)의 투자를 촉진하기 위하여 중소벤처기업부령으로 정하는 바에 따라 벤처기업의 투자가치에 관한 정보 등 필요한 정보를 개인 등에게 제공할 수 있다. <개정 2008. 2. 29., 2013. 3. 23., 2017. 7. 26.>

[전문개정 2007. 8. 3.]

제16조의 5(벤처기업인 유한회사에 대한 특례)

① 삭제 <2015. 5. 18.>

② 삭제 <2015. 5. 18.>

③ 유한회사인 벤처기업은 정관에서 정하는 바에 따라 「상법」 제580 조에도 불구하고 사원총회의 결의로 이익배당에 관한 기준을 따로 정할 수 있다.

[전문개정 2007. 8. 3.]

제16조의 6 삭제 〈2015. 5. 18.〉

제16조의 7(산업재산권 사용에 관한 특례) ①대학이나 연구기관은 제16조 또는 제16조의 2에 따라 휴직하거나 겸직을 승인받은 교육공무원 또는 연구원에게 직무발명에 따른 산업재산권 등의 이용을 허락할 때 「기술의 이전 및 사업화 촉진에 관한 법률」 제24조 제4 항 및 제5항에도 불구하고 전용 실시권을 부여할 수 있다. 다만, 휴직·겸직 이후 완성한 직무발명에 대하여는 해당 교육공무원 또는 연구원이 희망할 경우, 정당한 대가에 대한 상호 합의를 거쳐 우선적으로 전용 실시권을 부여하여야 한다. <개정 2010. 1. 27., 2013. 3. 22.>

② 제1항은 국가, 지방자치단체 또는 공공기관이 연구개발 경비를 지원하여 획득한 성과로 얻어지는 발명에는 적용되지 아니한다. <신설 2013. 3. 22.>

[전문개정 2007. 8. 3.]

제4절 입지 공급의 원활화 <개정 2007. 8. 3., 2016. 12. 2.>

제17조 삭제 <2006. 3. 3.>

제17조의 2(신기술창업 집적지역의 지정)

① 대학이나 연구기관의 장은 해당 기관이 소유한 교지나 부지의 일정 지역에 대하여 창업자·벤처기업 등의 생산시설 및 그 지원시설을 집단적으로 설치하는 신기술창업 집적지역(이하 "집적지역"이라 한다)의 지정을 중소벤처기업부 장관에게 요청할 수 있다. <개정 2017. 7. 26.>

② 대학이나 연구기관의 장은 제1항에 따라 집적지역의 지정을 요청할 때 집적지역의 명칭, 집적지역 지정 면적 등 대통령령으로 정하는 사항을 포함하는 집적지역개발계획을 제출하여야 한다.

③ 중소벤처기업부 장관은 집적지역의 지정을 요청받으면 제17조의 3 각호의 요건에 맞는지를 검토하여 집적지역으로 지정할 수 있다. 이 경우 대통령령으로 정하는 바에 따라 그 내용을 고시하여야 한다. <개정 2017. 7. 26.>

④ 중소벤처기업부 장관은 제3항에 따라 집적지역을 지정할 때 그 면적이 대통령령으로 정하는 면적 이상이면 집적지역이 속하는 특별시장·광역시장·특별자치시장·도지사·제주특별자치도지사(이하 "시·도지사"라 한다)와 협의하여야 한다. <개정 2017. 7. 26., 2019. 1. 8.>

[전문개정 2007. 8. 3.]

제17조의 3(집적지역의 지정 요건) 집적지역은 다음 각호의 요건을 갖추어야 한다.

1. 해당 기관이 보유한 교지나 부지의 연면적에 대한 지정 면적의 비율이 대통령령으로 정하는 비율을 초과하지 아니할 것
2. 지정 면적이 3천 제곱미터 이상일 것
3. 집적지역개발계획이 실현 가능할 것

[전문개정 2007. 8. 3.]

제17조의 4(집적지역에 대한 특례 등)

① 집적지역은「국토의 계획 및 이용에 관한 법률」제76조에도 불구하고 같은 법 제36조에 따른 지역 중 보전 녹지지역 등 대통령령으로 정하는 지역 외의 지역에 지정할 수 있다.

② 집적지역에서 창업자나 벤처기업은「건축법」제19조 제1항과「국토의 계획 및 이용에 관한 법률」제76조 제1항에도 불구하고 구조 안전에 지장이 없는 범위에서「산업집적활성화 및 공장설립에

관한 법률」제28조에 따른 도시형 공장(대통령령으로 정하는 도시형 공장만을 말한다)과 이와 관련된 업무시설을 해당 대학이나 연구기관의 장의 승인을 받아 설치할 수 있다. 이 경우「산업집적활성화 및 공장설립에 관한 법률」제13조에 따른 공장설립 등의 승인이나 같은 법 제14조의 3에 따른 제조시설설치승인을 받은 것으로 본다. <개정 2008. 3. 21., 2010. 1. 27.>

③ 집적지역 중 지정 면적이 제17조의 2 제4항에서 대통령령으로 정한 면적 이상이고 도시지역에 지정된 경우에는「산업입지 및 개발에 관한 법률」제7조의 2에 따른 도시첨단산업단지로 본다.

④ 중소벤처기업부 장관은 제3항에 따른 집적지역의 관리권자(「산업집적활성화 및 공장설립에 관한 법률」제30조 제1항에 따른 관리권자를 말한다)가 된다. <개정 2017. 7. 26.>

⑤ 대학이나 연구기관은 제3항에 따른 집적지역의 관리기관(「산업집적활성화 및 공장설립에 관한 법률」제30조 제2항에 따른 관리기관을 말한다)이 된다.

⑥ 대학이나 연구기관의 장은「국유재산법」제18조와 제27조, 「공유재산 및 물품 관리법」제13조와 제20조, 「고등교육법」및「사립학교법」에도 불구하고 창업자·벤처기업 또는 지원시설을 설치·운영하려는 자가 집적지역에 건물(공장용 건축물을 포함한다)이나 그 밖의 영구시설물을 축조하려는 경우에는 집적지역 일부를 임대할 수 있다. 이 경우 임대계약(갱신되는 경우를 포함한다) 기간이 끝나면 그 시설물의 종류·용도 등을 고려하여 해당 시설물을 대학이나 연구기관에 기부하거나 교지나 부지를 원상으로 회복하여 되돌려 주어야 한다. <개정 2009. 1. 30.>

⑦ 제6항에 따른 임대료와 임대 기간 등에 관하여 필요한 사항은 대통령령으로 정한다.

⑧ 집적지역에 대하여는 제22조 제1항 및 제3항을 준용한다.

⑨ 시장·군수 또는 구청장은 집적지역의 창업자나 벤처기업으로부터 제2항에 따른 공장등록신청을 받으면「산업집적활성화 및 공장설립에 관한 법률」제16조에 따른 공장의 등록을 하여야 한다. <신설 2010. 1. 27.>

[전문개정 2007. 8. 3.]

제17조의 5(집적지역의 운영 지침) 중소벤처기업부 장관은 집적지역의 지정·운영에 관한 지침을 수립하여 고시하여야 한다. <개정 2017. 7. 26.>

[전문개정 2007. 8. 3.]

제17조의 6(집적지역의 지정취소) 중소벤처기업부 장관은 제17조의 2 제3항에 따라 지정된 집적지역이 다음 각호의 어느 하나에 해당하면 그 지정을 취소할 수 있다. <개정 2017. 7. 26.>

1. 사업 지연, 관리 부실 등의 사유로 지정목적을 달성할 수 없는 경우
2. 제17조의 3에 따른 지정 요건을 충족하지 못한 경우

[전문개정 2007. 8. 3.]

제18조(벤처기업집적시설의 지정 등)

① 벤처기업집적시설을 설치하거나 기존의 건축물을 벤처기업집적시설로 사용하려는 자는 대통령령으로 정하는 연면적 이상인 경우, 시·도지사(「지방자치법」 제175조에 따른 서울특별시·광역시 및 특별자치시를 제외한 인구 50만 이상 대도시의 경우에는 그 시장을 말한다. 이하 이 조, 제18조의 4 및 제26조에서 같다)로부터 그 지정을 받을 수 있다. 지정받은 사항을 변경하는 경우에도 또한 같다. <개정 2019. 1. 8.>

② 제1항에 따라 지정을 받은 벤처기업집적시설은 지정받은 날(건축 중인 건축물은 「건축법」 제22조에 따른 건축물의 사용승인을 받은 날을 말한다)부터 1년 이내에 다음 각호의 요건을 갖추어야 한다. <개정 2008. 3. 21., 2009. 1. 30.>

1. 벤처기업 등 대통령령으로 정하는 기업이 입주하게 하되, 입주한 기업 중에서 벤처기업이 4개 이상(「수도권정비계획법」 제2조 제1호에 따른 수도권 외의 지역은 3개 이상)일 것
2. 연면적의 100분의 70(「수도권정비계획법」 제2조 제1호에 따른 수도권 외의 지역은 100분의 50) 이상을 벤처기업 등 대통령령으로 정하는 기업이 사용하게 할 것
3. 제2호에 해당하지 아니하는 지정 면적은 벤처기업집적시설 등 대통령령으로 정하는 시설이 사용하게 할 것

③ 시·도지사는 벤처기업을 지원하기 위하여 필요하다고 인정하면 벤처기업집적시설을 설치하거나 기존의 건축물을 벤처기업집적시설로 지정하여 벤처기업과 그 지원시설을 입주하게 할 수 있다.

④ 시·도지사는 벤처기업집적시설이 다음 각호의 어느 하나에 해당하면 그 지정을 취소할 수 있다. 다만, 제1호에 해당하는 경우에는 그 지정을 취소하여야 한다.

1. 거짓이나 그 밖의 부정한 방법으로 지정받은 경우

2. 제1항이나 제2항에 따른 지정 요건에 맞지 아니하게 된 경우
⑤ 시·도지사는 제4항에 따라 벤처기업집적시설의 지정을 취소하려면 청문을 하여야 한다.
⑥ 제1항에 따른 지정신청과 그 밖에 지정에 관하여 필요한 사항은 대통령령으로 정한다.
[전문개정 2007. 8. 3.]

제18조의 2(실험실 공장에 대한 특례)

① 다음 각호의 어느 하나에 해당하는 자는 「건축법」 제19조 제1항, 「국토의 계획 및 이용에 관한 법률」 제76조 제1항, 「연구개발특구의 육성에 관한 특별법」 제36조 제1항에도 불구하고 그 소속 기관의 장(제4호의 경우에는 실험실 공장을 설치하게 되는 기관의 장을 말한다)의 승인을 받아 실험실 공장을 설치할 수 있다. 승인받은 사항을 변경하는 경우에도 또한 같다. <개정 2008. 3. 21., 2010. 1. 27., 2012. 1. 26., 2015. 5. 18.>
  1. 「고등교육법」에 따른 대학의 교원 및 학생
  2. 국공립연구기관이나 정부출연연구기관의 연구원
  3. 과학이나 산업기술 분야의 연구기관으로서 대통령령으로 정하는 기관의 연구원
  4. 벤처기업의 창업자
② 제1항 각호의 어느 하나에 해당하는 자의 소속 기관의 장은 제1항에 따른 승인·변경승인의 신청을 받은 날부터 7일 이내에 승인 여부를 신청인에게 통지하여야 한다. <신설 2017. 3. 21.>
③ 제2항에 따른 소속 기관의 장이 같은 항에서 정한 기간 내에 승인 여부 또는 민원 처리 관련 법령에 따른 처리 기간의 연장을 신청인에게 통지하지 아니하면 그 기간이 끝난 날의 다음 날에 승인을 한 것으로 본다. <신설 2017. 3. 21.>
④ 제1항에 따라 실험실 공장의 승인(변경승인을 포함하며, 이하 이 항에서 같다)을 받으면 「산업집적활성화 및 공장설립에 관한 법률」 제13조에 따른 공장설립 등의 승인 또는 같은 법 제14조의 3에 따른 제조시설설치승인을 받은 것으로 본다. <신설 2015. 5. 18., 2017. 3. 21.>
⑤ 실험실 공장은 생산시설용으로 쓰이는 바닥면적의 합계가 3천 제곱미터를 초과할 수 없다. 다만, 「국토의 계획 및 이용에 관한 법률」 제76조 제1항에 따른 용도지역별 건축물 등의 건축 기준을 갖춘 경우에는 그러하지 아니하다. <개정 2015. 5. 18., 2017. 3. 21.>

⑥ 실험실 공장의 총면적(실험실 공장이 둘 이상인 경우에는 그 면적을 합한 것을 말한다)은 해당 대학이나 연구기관의 건축물 연면적의 2분의 1을 초과할 수 없다. 다만, 「국토의 계획 및 이용에 관한 법률」 제76조 제1항에 따른 용도지역별 건축물 등의 건축 기준을 갖춘 경우에는 그러하지 아니하다. <개정 2015. 5. 18., 2017. 3. 21.>

⑦ 시장·군수 또는 구청장(자치구의 구청장을 말한다. 이하 같다)은 실험실 공장에 대한 공장등록신청을 받으면 「산업집적활성화 및 공장설립에 관한 법률」 제16조에 따른 공장의 등록을 하여야 한다. <개정 2015. 5. 18., 2017. 3. 21.>

⑧ 대학이나 연구기관의 장은 제1항에 따른 실험실 공장을 설치한 자가 퇴직(졸업)하더라도 퇴직(졸업)일부터 2년을 초과하지 아니하는 범위에서 실험실 공장을 사용하게 할 수 있다. <개정 2010. 1. 27., 2015. 5. 18., 2017. 3. 21.>

⑨ 실험실 공장의 설치·운영 등에 관하여 그 밖에 필요한 사항은 대통령령으로 정한다. <개정 2015. 5. 18., 2017. 3. 21.>

[전문개정 2007. 8. 3.]

제18조의 3(창업보육센터에 입주한 벤처기업과 창업자에 대한 특례)

① 대학이나 연구기관 안에 설치·운영 중인 창업보육센터로서 다음 각호의 어느 하나에 해당하는 창업보육센터에 입주한 벤처기업이나 창업자는 「건축법」 제19조 제1항, 「국토의 계획 및 이용에 관한 법률」 제76조 제1항 및 「연구개발특구의 육성에 관한 특별법」 제36조 제1항에도 불구하고 「산업집적활성화 및 공장설립에 관한 법률」 제28조에 따른 도시형 공장을 창업보육센터 운영기관의 장의 승인을 받아 설치할 수 있다. 이 경우 「산업집적활성화 및 공장설립에 관한 법률」 제13조에 따른 공장설립 등의 승인이나 같은 법 제14조의 3에 따른 제조시설설치승인을 받은 것으로 본다. <개정 2008. 3. 21., 2010. 1. 27., 2012. 1. 26., 2017. 7. 26.>

1. 「중소기업창업 지원법」 제6조 제1항에 따라 중소벤처기업부장관이 지정하는 창업보육센터

2. 중앙행정기관의 장이나 지방자치단체의 장이 인정하는 창업보육센터

② 시장·군수 또는 구청장은 제1항에 따른 창업보육센터에 입주한 벤처기업이나 창업자로부터 공장등록신청을 받으면 「산업집적활성화 및 공장설립에 관한 법률」 제16조에 따른 공장의 등록을 하여야 한다.

③ 대학이나 연구기관 안에 설치·운영 중인 창업보육센터는 「건축법」 제19조 제4항 제2호에 따른 시설군으로 본다. <개정 2008. 3. 21.>
[전문개정 2007. 8. 3.]

제18조의 4(벤처기업육성촉진지구의 지정 등)

① 시·도지사는 벤처기업을 육성하기 위하여 필요하면 관할 구역의 일정 지역에 대하여 벤처기업육성촉진지구(이하 "촉진지구"라 한다)의 지정을 중소벤처기업부 장관에게 요청할 수 있다. <개정 2017. 7. 26.>
② 중소벤처기업부 장관은 제1항에 따라 촉진지구를 지정한 경우에는 대통령령으로 정하는 바에 따라 그 내용을 고시하여야 한다. <개정 2017. 7. 26.>
③ 중소벤처기업부 장관은 제1항에 따라 지정된 촉진지구가 다음 각 호의 어느 하나에 해당하면 그 지정을 해제할 수 있다. <개정 2017. 7. 26.>
  1. 촉진지구육성계획이 실현될 가능성이 없는 경우
  2. 사업 지연, 관리 부실 등의 사유로 지정목적을 달성할 수 없는 경우
④ 제1항에 따른 지정의 요건 및 절차와 촉진지구의 지원 등에 필요한 사항은 대통령령으로 정한다.
[전문개정 2007. 8. 3.]

제18조의 5(촉진지구에 대한 지원)

① 중소벤처기업부 장관은 촉진지구의 활성화를 위하여 「중소기업진흥에 관한 법률」 제62조의 17에 따라 지방중소기업육성 관련 기금의 조성을 지원할 때 촉진지구를 지정받은 지방자치단체를 우대하여 지원할 수 있다. <개정 2016. 3. 29., 2017. 7. 26.>
② 국가나 지방자치단체는 촉진지구에 있거나 촉진지구로 이전하는 벤처기업에 자금이나 그 밖에 필요한 사항을 우선하여 지원할 수 있다.
③ 국가나 지방자치단체는 촉진지구에 설치되는 벤처기업집적시설의 설치·운영자 및 창업 보육센터 사업자에게 그 소요자금의 전부 또는 일부를 지원하거나 우대하여 지원할 수 있다.
④ 촉진지구의 벤처기업과 그 지원시설에 대하여는 제22조를 준용한다.
[전문개정 2007. 8. 3.]

제19조(국공유 재산의 매각 등)

① 국가나 지방자치단체는 벤처기업집적시설의 개발 또는 설치와 그

운영을 위하여 필요하다고 인정하면「국유재산법」또는「공유재산 및 물품 관리법」에도 불구하고 수의계약에 의하여 국유재산이나 공유재산을 벤처기업집적시설의 설치·운영자에게 매각하거나 임대할 수 있다.

② 제1항에 따른 국유재산의 가격, 임대료, 임대 기간 등에 관하여 필요한 사항은 대통령령으로 정한다.

③ 국가나 지방자치단체는 국유인 일반재산 또는 공유인 잡종재산인 부동산을 벤처기업에 임대하는 조건으로 신탁업자에 신탁할 수 있다. 이 경우 공유부동산의 신탁에 관하여는「국유재산법」제58조의 규정을 준용한다. <개정 2007. 8. 3., 2009. 1. 30., 2013. 3. 22.>

④ 국가·지방자치단체 또는 사립학교의 학교법인은「국유재산법」제18조,「공유재산 및 물품 관리법」제13조 및 제20조,「고등교육법」및「사립학교법」에도 불구하고 벤처기업집적시설의 설치·운영자에게 국공유 토지나 대학 교지의 일부를 임대하여 건물이나 그 밖의 영구시설물을 축조하게 할 수 있다. 이 경우 임대계약 기간이 끝나면 해당 시설물의 종류·용도 등을 고려하여 그 시설물을 국가·지방자치단체 또는 사립학교의 학교법인에 기부하거나 토지 또는 교지를 원상으로 회복하여 되돌려 주는 것을 임대 조건으로 하여야 한다. <개정 2009. 1. 30.>

⑤ 벤처기업집적시설의 설치·운영자는「국유재산법」제30조 제2항,「공유재산 및 물품 관리법」제35조,「고등교육법」및「사립학교법」에도 불구하고 제4항에 따라 축조한 시설물을 임대목적과 동일한 용도로 사용하려는 다른 자에게 사용·수익(收益)하게 할 수 있다. <개정 2009. 1. 30.>

[전문개정 2007. 8. 3.]

제20조(시설비용의 지원) 국가나 지방자치단체는 집적지역의 조성 및 벤처기업집적시설의 설치에 필요한 시설비의 전부 또는 일부를 지원할 수 있다.

[전문개정 2007. 8. 3.]

제21조(건축금지 등에 대한 특례)

① 삭제 <2006. 3. 3.>

② 벤처기업집적시설은「국토의 계획 및 이용에 관한 법률」제76조 제1항에도 불구하고「국토의 계획 및 이용에 관한 법률」제36조에 따른 지역(녹지지역 등 대통령령으로 정하는 지역은 제외한다)에 건축할 수 있다. <개정 2007. 8. 3.>

③ 벤처기업집적시설에 입주한 자는「건축법」제19조 제1항,「국토의 계획 및 이용에 관한 법률」제76조 제1항 및「연구개발특구의 육성에 관한 특별법」제36조 제1항에도 불구하고 구조 안전에 지장이 없는 범위에서 대통령령으로 정하는 공장을 설치할 수 있다. 이 경우「산업집적활성화 및 공장설립에 관한 법률」제13조에 따른 공장설립 등의 승인이나 같은 법 제14조의 3에 따른 제조시설 설치승인을 받은 것으로 본다. <개정 2007. 8. 3., 2008. 3. 21., 2012. 1. 26.>

④ 시장·군수 또는 구청장은 벤처기업집적시설에 입주한 자로부터 제3항에 따른 공장등록신청을 받으면「산업집적활성화 및 공장설립에 관한 법률」제16조에 따른 공장의 등록을 하여야 한다. <개정 2007. 8. 3.>

[제목개정 2007. 8. 3.]

제22조(각종 부담금의 면제 등)

① 벤처기업집적시설에 대하여는 다음 각호의 부담금을 면제한다. <개정 1998. 9. 23., 1999. 2. 5., 2002. 1. 26., 2002. 12. 30., 2005. 7. 21., 2006. 3. 3., 2007. 4. 11., 2007. 8. 3., 2008. 3. 28.>
  1.「개발이익 환수에 관한 법률」제5조에 따른 개발부담금
  2. 삭제 <2007. 8. 3.>
  3.「산지관리법」제19조에 따른 대체산림자원조성비
  4.「농지법」제38조에 따른 농지보전부담금
  5.「초지법」제23조에 따른 대체초지조성비
  6.「도시교통정비 촉진법」제36조에 따른 교통유발부담금

② 삭제 <2006. 3. 3.>

③ 벤처기업집적시설을 건축하려는 자는「문화예술 진흥법」제9조에도 불구하고 미술 장식을 설치하지 아니할 수 있다. <개정 2007. 8. 3.>

[제목개정 2007. 8. 3.]

제3장 삭제 〈2007. 8. 3.〉
제23조 삭제 <2007. 8. 3.>

제4장 보칙 〈개정 2007. 8. 3.〉
제24조(벤처기업이었던 기업에 대한 주식발행 등의 특례)

① 벤처기업이었던 기업이 벤처기업에 해당하지 아니하게 되는 경우

벤처기업이었던 당시 이루어진 다음 각호의 행위는 계속 유효한 것으로 본다. <개정 2009. 1. 30.>

1. 제6조에 따른 산업재산권 등의 출자 행위
2. 제9조에 따라 외국인 또는 외국 법인 등이 해당 기업의 주식을 취득한 행위
3. 삭제 <2010. 1. 27.>
4. 제15조 및 제15조의 2부터 제15조의 11까지의 규정에 따른 주식교환 등의 행위
5. 제16조의 3에 따라 주식매수선택권을 부여한 행위
6. 제16조의 5에 따라 사원을 50명 이상 300명 이하로 하여 설립한 행위

② 벤처기업집적시설에 입주하였던 벤처기업이 벤처기업에 해당하지 아니하게 된 경우에도 계속하여 벤처기업집적시설에 입주할 수 있다.

[전문개정 2007. 8. 3.]

제25조(벤처기업의 해당 여부에 대한 확인)

① 벤처기업으로서 이 법에 따른 지원을 받으려는 기업은 벤처기업 해당 여부에 관하여 기술보증기금 등 대통령령으로 정하는 기관이나 단체(이하 "벤처기업확인기관"이라 한다)의 장에게 확인을 요청할 수 있다. <개정 2016. 3. 29.>

② 벤처기업확인기관의 장은 제1항에 따라 확인 요청을 받으면 중소벤처기업부령으로 정하는 기간 내에 확인하여 그 결과를 요청인에게 알려야 한다. 이 경우 그 기업이 벤처기업에 해당될 때에는 대통령령으로 정하는 바에 따라 유효 기간을 정하여 벤처기업확인서를 발급하여야 한다. <개정 2008. 2. 29., 2013. 3. 23., 2017. 7. 26.>

③ 벤처기업확인기관의 장은 벤처기업확인의 투명성을 확보하기 위하여 대통령령으로 정하는 바에 따라 확인된 벤처기업에 관한 정보를 공개할 수 있다. 다만, 다음 각호의 정보는 공개하여서는 아니 된다.

1. 「부정경쟁방지 및 영업비밀보호에 관한 법률」 제2조 제2호에 따른 영업비밀
2. 대표자의 주민등록번호 등 개인에 관한 사항

④ 벤처기업확인기관의 장은 제1항 및 제2항에 따른 확인에 소요되는 비용을 벤처기업확인을 요청하려는 자에게 부담하게 할 수 있다. 이 경우 비용의 산정 및 납부에 필요한 사항은 중소벤처기업

부 장관이 정하여 고시한다. <신설 2019. 4. 23.>

⑤ 제1항과 제2항에 따른 확인 절차 등에 관하여 필요한 사항은 중소벤처기업부령으로 정한다. <개정 2008. 2. 29., 2013. 3. 23., 2017. 7. 26., 2019. 4. 23.>

[전문개정 2007. 8. 3.]

[시행일 2019. 10. 24.] 제25조 제4항

제25조의 2(벤처기업확인의 취소)

① 벤처기업확인기관의 장은 벤처기업이 다음 각호의 어느 하나에 해당하면 제25조 제2항에 따른 확인을 취소할 수 있다. 다만, 제1호에 해당하는 경우에는 확인을 취소하여야 한다. <개정 2010. 1. 27.>

1. 거짓이나 그 밖의 부정한 방법으로 벤처기업임을 확인받은 경우
2. 제2조의 2의 벤처기업의 요건을 갖추지 아니하게 된 경우
3. 휴업·폐업 또는 파산 등으로 대통령령으로 정하는 기간 동안 기업 활동을 하지 아니하는 경우
4. 대표자·최대주주 또는 최대출자사원 등이 기업재산을 유용(流用)하거나 은닉(隱匿)하는 등 기업경영과 관련하여 주주·사원 또는 이해관계인에게 피해를 입힌 경우 등 대통령령으로 정하는 경우

② 벤처기업확인기관의 장은 제1항에 따라 벤처기업의 확인을 취소하려면 청문을 실시하여야 한다.

[전문개정 2007. 8. 3.]

제26조(보고 등)

① 중소벤처기업부 장관은 이 법을 시행하기 위하여 필요하다고 인정하면 중소기업창업투자회사·중소기업창업투자조합·한국벤처투자조합 또는 제2조의 2 제1항 제2호 가목(8)에 따른 개인에 대하여 업무 운영상황에 대한 확인 및 검사[제2조의 2 제1항 제2호 가목(8)에 따른 개인에 대한 확인 및 검사는 제외한다]를 실시하거나 투자실적을 보고하게 할 수 있다. <개정 2014. 1. 14., 2015. 5. 18., 2017. 7. 26.>

② 중소벤처기업부 장관은 분기마다 신기술사업금융업자, 신기술사업투자조합, 「한국산업은행법」에 따른 한국산업은행 또는 「중소기업은행법」에 따른 중소기업은행에 대하여 중소기업과 벤처기업에 대한 투자실적에 관한 자료를 제출하게 할 수 있다. <개정 2017. 7. 26.>

③ 중소벤처기업부 장관은 이 법을 시행하기 위하여 필요하다고 인

정하면 제14조 제2항에 따른 개인이나 개인 투자조합에 대하여 업무 운영상황에 대한 확인 및 검사(제14조 제2항에 따른 개인에 대한 확인 및 검사는 제외한다)를 실시하거나 투자실적 등을 보고하게 할 수 있다. <개정 2015. 5. 18., 2017. 7. 26.>

④ 중소벤처기업부 장관은 이 법을 시행하기 위하여 필요하다고 인정하면 벤처기업확인기관으로 하여금 제25조와 제25조의 2에 따른 벤처기업의 확인 및 확인의 취소 실적 등을 보고하게 하거나, 소속 공무원으로 하여금 해당 기관에 출입하여 장부나 그 밖의 서류를 검사하게 할 수 있다. 이 경우 검사를 하는 공무원은 그 권한을 표시하는 증표를 지니고 이를 관계인에게 내보여야 한다. <개정 2017. 7. 26.>

⑤ 시·도지사는 제18조에 따라 지정된 벤처기업집적시설에 대하여 그 지정을 받은 자로 하여금 입주 현황과 운영상황에 관한 자료를 제출하게 할 수 있다.

⑥ 벤처기업확인기관의 장은 제25조와 제25조의 2에 따른 벤처기업의 확인 및 확인의 취소 등을 위하여 필요하다고 인정하면 벤처기업으로 하여금 경영실태 등에 관하여 필요한 자료를 제출하게 할 수 있다.

⑦ 중소벤처기업부 장관은 대학, 연구기관 또는 공공기관에 대하여 제16조, 제16조의 2 및 제18조의 2에 따른 교원이나 연구원의 휴직·겸임 및 겸직허가 실적, 실험실 공장 설치승인 실적에 관한 자료를 제출하게 할 수 있다. <개정 2015. 5. 18., 2017. 7. 26.>

⑧ 중소벤처기업부 장관은 전문회사에 대하여 제11조의 2 제4항 각 호에 관한 자료나 전문회사의 매 회계연도의 결산서를 제출하게 할 수 있다. <개정 2017. 7. 26.>

[전문개정 2007. 8. 3.]

제27조(권한의 위임·위탁) 이 법에 따른 중소벤처기업부 장관의 권한은 그 일부를 대통령령으로 정하는 바에 따라 소속 기관의 장 또는 시·도지사에게 위임하거나 다른 행정기관의 장 또는 대통령령으로 정하는 중소기업 관련 기관과 단체에 위탁할 수 있다. <개정 2017. 7. 26.>

[전문개정 2007. 8. 3.]

제28조(한국벤처 투자조합에 대한 행정처분)

① 중소벤처기업부 장관은 한국벤처 투자조합이 다음 각호의 어느 하나에 해당하면 시정을 명하거나 이 법에 따른 지원을 중단할 수 있다. <개정 2010. 1. 27., 2015. 5. 18., 2016. 5. 29., 2017. 7. 26.>

1. 제4조의 3 제2항에 따른 신고 또는 변경신고를 하지 아니하거나 거짓으로 한 자
2. 제4조의 3 제5항에 따른 결성 요건에 맞지 아니하게 된 경우
3. 중소기업창업 투자회사 및 신기술사업 금융업자의 등록이 취소되거나 말소된 경우
4. 제4조의 3 제6항을 위반하여 자금을 사용한 경우
5. 제4조의 4 제2항을 위반한 경우
6. 제26조 제1항에 따른 확인 및 검사를 거부·방해하거나 기피한 경우 또는 보고를 하지 아니하거나 거짓으로 보고한 경우
7. 제4조의 3 제1항 단서에 따른 조합결성 목적 및 기준에 부합하지 아니한 경우

② 중소벤처기업부 장관은 한국벤처 투자조합이 제1항 제2호·제4호·제5호·제6호 또는 제7호에 해당하는 경우 그 업무집행조합원에 대하여 다음 각호의 어느 하나에 해당하는 조치를 할 수 있다. <신설 2015. 5. 18., 2016. 5. 29., 2017. 7. 26.>

1. 경고
2. 주의

③ 중소벤처기업부 장관은 제2항의 조치를 하는 경우 업무집행조합원의 임직원에 대해서는 다음 각호의 어느 하나에 해당하는 조치를 할 수 있다. <신설 2015. 5. 18., 2017. 7. 26.>

1. 해임요구
2. 경고
3. 주의

④ 중소벤처기업부 장관은 한국벤처 투자조합이 제1항의 위반사항에 해당하고 해당 한국벤처 투자조합의 업무집행조합원이 신기술사업금융업자인 경우, 금융위원회에 해당 신기술사업금융업자 또는 그 임직원에 대하여 제2항 또는 제3항의 조치를 취할 것을 요구할 수 있다. <신설 2016. 5. 29., 2017. 7. 26.>

[전문개정 2007. 8. 3.]
[제목개정 2015. 5. 18.]

제29조(청문) 중소벤처기업부 장관은 다음 각호의 어느 하나에 해당하는 처분을 하려면 청문을 실시하여야 한다. <개정 2009. 1. 30., 2017. 7. 26.>

1. 제13조의 3에 따른 개인 투자조합의 등록취소
2. 제18조의 4에 따른 촉진지구의 지정해제
3. 제11조의 7에 따른 전문회사의 등록취소
4. 제17조의 6에 따른 집적지역의 지정취소
5. 제15조의 14에 따른 지원센터의 지정취소

[전문개정 2007. 8. 3.]

제30조(유사명칭의 사용 금지) 한국벤처 투자조합이 아닌 자는 한국벤처 투자조합의 명칭이나 이와 유사한 명칭을 사용하지 못한다.

[전문개정 2007. 8. 3.]

제30조의 2(벌칙 적용 시의 공무원 의제) 제25조와 제25조의 2에 따른 벤처기업의 확인 및 확인의 취소 업무에 종사하는 벤처기업 확인기관의 임직원은 「형법」 제129조부터 제132조까지의 규정을 적용할 때에는 공무원으로 본다.

[전문개정 2007. 8. 3.]

제30조의 3(불복 절차) 제25조 및 제25조의 2에 따른 벤처기업의 확인이나 확인의 취소에 대하여는 「행정심판법」에 따른 행정심판을 청구할 수 있다. 이 경우 벤처기업의 확인·확인취소에 대한 감독행정기관은 중소벤처기업부 장관으로 한다. <개정 2008. 2. 29., 2017. 7. 26.>

[전문개정 2007. 8. 3.]

제31조(다른 법률의 준용) 한국벤처 투자조합 업무의 집행에 관하여는 「중소기업창업 지원법」 제23조, 제26조, 제27조 및 제29조를 준용한다. 이 경우 "창업투자조합"을 "한국벤처 투자조합"으로 본다.

[전문개정 2007. 8. 3.]

제31조의 2(규제의 재검토) 중소벤처기업부 장관은 다음 각호의 사항에 대하여 다음 각호의 기준일을 기준으로 3년마다(매 3년이 되는 해의 기준일과 같은 날 전까지를 말한다) 폐지, 완화 또는 유지 등의 타당성을 검토하여야 한다. <개정 2017. 7. 26.>

1. 제13조의 3에 따른 개인 투자조합의 등록취소 사유: 2015년 1월 1일
2. 제17조의 6에 따른 집적지역의 지정취소 사유: 2015년 1월 1일

3. 제28조에 따른 한국벤처 투자조합에 대한 행정처분 사유: 2015년 1월 1일
4. 제32조에 따른 과태료 부과 사유: 2015년 1월 1일
[본조신설 2015. 5. 18.]

제5장 벌칙 〈신설 2004. 12. 31.〉
제32조(과태료)
① 다음 각호의 어느 하나에 해당하는 자에게는 500만 원 이하의 과태료를 부과한다. <개정 2015. 5. 18.>
  1. 제4조의 4 제2항·제3항을 위반한 자
  2. 제13조의 3 제2항 제1호 또는 제28조 제1항에 따른 시정명령을 위반한 자
  3. 제30조를 위반하여 유사명칭을 사용한 자
  4. 제31조에 따른 결산서를 제출하지 아니하거나 거짓의 결산서를 제출한 자
② 제1항에 따른 과태료는 대통령령으로 정하는 바에 따라 중소벤처기업부 장관이 부과·징수한다. <개정 2017. 7. 26.>
③ 삭제 <2009. 1. 30.>
④ 삭제 <2009. 1. 30.>
⑤ 삭제 <2009. 1. 30.>
[전문개정 2007. 8. 3.]

부칙 〈제16397호, 2019. 4. 23.〉
이 법은 공포한 날부터 시행한다. 다만, 제25조 제4항의 개정규정은 공포 후 6개월이 경과한 날부터 시행한다.

※ 참고 기관 및 법률

벤처인

기술보증기금

중소벤처 진흥공단

한국산업기술진흥협회

특허청

이노비즈협회(중소기업기술혁신협회)

벤처기업 육성에 관한 특별조치법

조세특례제한법

지방세특례제한법

중소기업 기술혁신 촉진법

중소기업창업 지원법 시행규칙